Dans la même collection

Le plaisir des mots
Le livre de tous les pays
Le livre de la Bible

1 Le livre des fleurs
2 Le livre de la Tour Eiffel
3 Le livre de la peinture et des peintres
4 Le livre des découvertes et des inventions
5 Le livre de l'hiver
6 Le livre de l'automne
7 Le livre du printemps
8 Le livre de l'été
9 Le livre des marins
10 Le livre de mon chat
11 Le livre de la montagne
12 Le livre du ciel
13 Le livre de tous mes amis
14 Le livre de tous les jours
15 Le livre du cheval
16 Le livre des chansons de France
18 Le livre des premiers hommes
19 Le livre des costumes
20 Le livre des maisons du monde
21 Le livre des arbres
22 Le livre des oiseaux
23 Le livre des bords de mer
24 Le livre de la langue française
25 Le livre de l'histoire de France
26 Le livre de tous les Français
27 Le livre du train
28 Le livre de la découverte du monde
29 Le deuxième livre des chansons
30 Le livre du fleuve
34 De bouche à oreille
(Le livre des images de la langue française)

TROISIEME LIVRE DES CHANSONS DE FRANCE

COLLECTION DECOUVERTE CADET

illustré par Claudine et Roland Sabatier

raconté par Anne Bouin

GALLIMARD

Note de l'éditeur : à partir du troisième couplet, nous ne mentionnons plus les répétitions ou toutes choses que l'exemple des deux premiers couplets suffisent à faire comprendre.

© Éditions Gallimard, 1987
Dépôt légal : mai 1987
Numéro d'édition : 40544
ISBN 2-07-039535-9
Imprimé par la Editoriale Libraria en Italie

Sommaire

Jean de la lune	12
Ah ! mon beau château	14
La tour, prends garde !	16
Le beau bébé	18
Une souris verte	20
Mon âne	22
Passe, passera	24
Il court, le furet	25
La pibole	26
Dans la forêt lointaine	28
Y'a une pie	29
L'oiselet	30

J'ai vu le loup, le renard, le lièvre	32
C'était sur la tourelle	34
Y'avait dix filles	36
Margoton va-t-à l'iau	38
Je sais au bord du Rhin	40
C'est la fille de la meunière	41
Perrine était servante	42
Mon père avait cinq cents moutons	44
Jeanneton prend sa faucille	46

Sommaire

Catherine était chrétienne	48
La ronde des petits nains	50
Arlequin dans sa boutique	52
Gugusse	54
Chanson pour faire danser en rond les petits enfants	56
Ballade à la lune	58

Le rat de ville et le rat des champs	60
J'ai perdu le do	62
L'orphéoniste	64
La pêche des moules	66
Le petit matelot	68
Pique la baleine	69
Mettait sa chaloupe à l'eau	71
La Marie-Joseph	73
Chantons pour passer le temps	76
Adieu, cher camarade	78
Gouttelettes	80
La légende du feu	82
Youkaïdi	84
Ils étaient trois garçons	86
Chante et danse la Bohème	87

Sommaire

Prière des complies	88
Entre le bœuf et l'âne gris	89
La marche des Rois Mages	90
Noël nouvelet	92
Les anges dans nos campagnes	94
Il est né le divin enfant	96
Trois anges sont venus ce soir	98
Minuit, Chrétiens !	100

N'entends-tu pas ?	102
Plaisir d'amour	104
File la laine	106
L'amour de moy	108
Le carillon de Vendôme	109
Bon voyage, Monsieur Dumollet	110
Monsieur de La Palisse	112
Tout va très bien Madame la Marquise	114

Sommaire

La boulangère a des écus	118
Le roi d'Yvetot	120
Vive Henri IV !	122
A Lauterbach	124
La chanson des blés d'or	126
Le Chat Noir	128
Le galérien	131
Giroflé, Girofla	134
J'avions reçu commandement	136
Je me suis t'engagé	138
Le petit Grégoire	141
Le mouchoir rouge de Cholet	144

Le chant des Girondins	146
Le Régiment de Sambre et Meuse	148
La Madelon	151
La casquette du père Bugeaud	154
Le chant du départ	156
Index	160
Biographie	163
Index des tomes précédents	164

Jean de la Lune

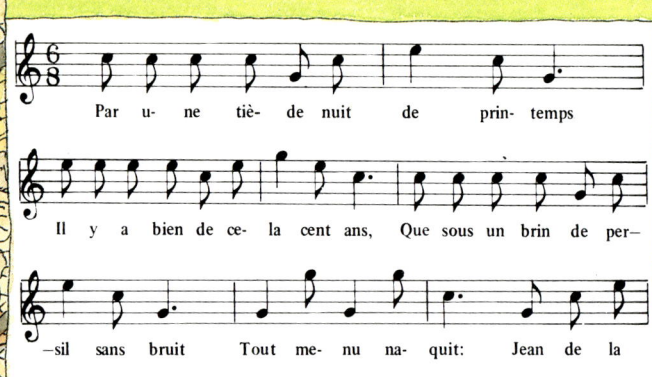

Chanson-conte qui fait appel à un des procédés du merveilleux : la miniaturisation, comme dans les Voyages de Gulliver. *Elle date certainement de la fin du XVIIIe siècle, début XIXe siècle.*

Par une tiède nuit de printemps
Il y a bien de cela cent ans,
Que sous un brin de persil sans bruit
Tout menu naquit :
Jean de la Lune, Jean de la Lune.

Il était gros comme un champignon
Frêle, délicat, petit, mignon,
Et jaune et vert comme un perroquet
Avait bon caquet :
Jean de la Lune, Jean de la Lune.

Quand il se risquait à travers bois
De loin, de près, de tous les endroits,
Merles, bouvreuils sur leurs
    mirlitons
Répétaient en rond :
Jean de la Lune, Jean de la Lune.

Quand il mourut, chacun le pleura
Dans son potiron on l'enterra,
Et sur sa tombe l'on écrivit
Sur la croix : ci-gît
Jean de la Lune, Jean de la Lune.

Ah ! mon beau château

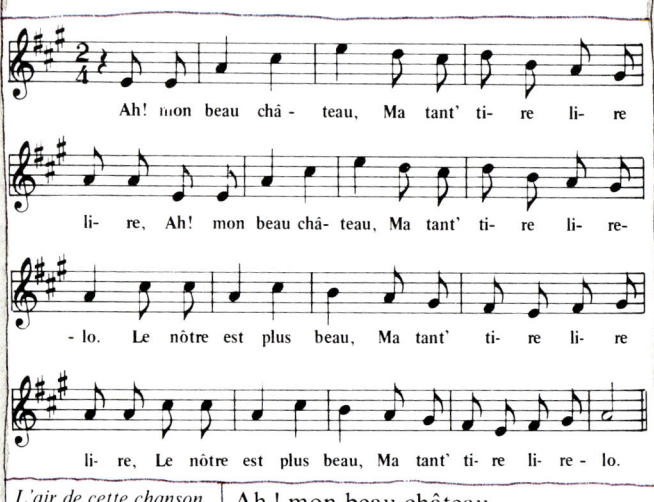

L'air de cette chanson a été emprunté à un vaudeville (chanson satirique) datant du XVIIIe siècle. Les paroles évoquent une période plus ancienne, l'époque féodale durant laquelle nombre de seigneurs se livraient bataille pour défendre leur fief ou s'approprier celui du voisin. Sur cette chanson, les

Ah ! mon beau château,
Ma tant' tire lire lire,
Ah ! mon beau château,
Ma tant' tire lire lo.

Le nôtre est plus beau,
Ma tant' tire lire lire,
Le nôtre est plus beau,
Ma tant' tire lire lo.

Nous le détruirons.

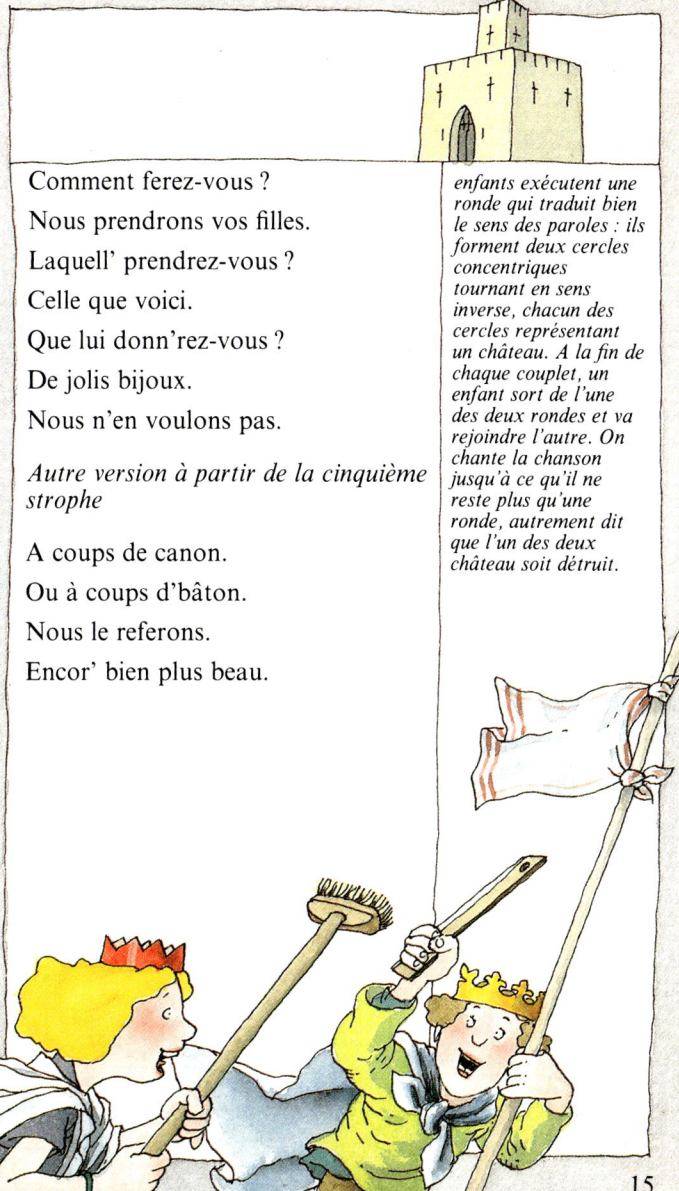

Comment ferez-vous ?
Nous prendrons vos filles.
Laquell' prendrez-vous ?
Celle que voici.
Que lui donn'rez-vous ?
De jolis bijoux.
Nous n'en voulons pas.

Autre version à partir de la cinquième strophe

A coups de canon.
Ou à coups d'bâton.
Nous le referons.
Encor' bien plus beau.

enfants exécutent une ronde qui traduit bien le sens des paroles : ils forment deux cercles concentriques tournant en sens inverse, chacun des cercles représentant un château. A la fin de chaque couplet, un enfant sort de l'une des deux rondes et va rejoindre l'autre. On chante la chanson jusqu'à ce qu'il ne reste plus qu'une ronde, autrement dit que l'un des deux château soit détruit.

La tour, prends garde !

La tour, prends gar-de La tour, prends gar-de De te lais-ser a-battre.

Cette chanson dialoguée que l'on chante sur un air de chasse de l'époque de Louis XV est aussi une ronde mimée. Un groupe d'enfants représente la tour, d'autres jouent le duc, le capitaine, les gardes. A la fin de la chanson, les enfants essayent d'abattre la tour. Celui qui y parvient devient le duc, et le jeu recommence.
La chanson a un fondement historique : la lutte qui opposa François 1er au chef suprême de son armée, le duc de Bourbon.

Les gardes
La tour, prends garde *(bis)*
De te laisser abattre.

La tour
Nous n'avons garde *(bis)*
De nous laisser abattre.

Le capitaine
J'irai me plaindre *(bis)*
Au duc de Bourbon.

La tour
Va-t'en te plaindre *(bis)*
Au duc de Bourbon.

Le capitaine
Mon duc, mon prince *(bis)*
Je viens à vos genoux.

Le duc
Mon colonel *(bis)*
Que me demandez-vous ?

Le capitaine
Un de vos gardes *(bis)*
Pour abattre la tour.

Le duc
Allez mon garde *(bis)*
Pour abattre la tour.

La tour
Nous n'avons garde *(bis)*
De nous laisser abattre.

Le capitaine
Mon duc, mon prince *(bis)*
Je viens à vos genoux.

Le duc
Mon colonel *(bis)*
Que me demandez-vous ?

Le capitaine
Deux de vos gardes *(bis)*
Pour abattre la tour.

Ce dernier, qui s'était illustré aux côtés du roi à Marignan, en 1515, allait se retrouver dix ans plus tard dans les rangs adverses lors de la bataille de Pavie, pour une affaire d'héritage.
Il possédait en effet d'immenses domaines et son mariage avec une cousine lui permit de réunir les territoires des deux branches des Bourbons. Une fois veuf, il refusa de se remarier avec la mère de François 1er.
Comme celle-ci lui réclamait l'héritage des Bourbons, il passa au service de l'ennemi juré du roi, Charles Quint.

Le beau bébé

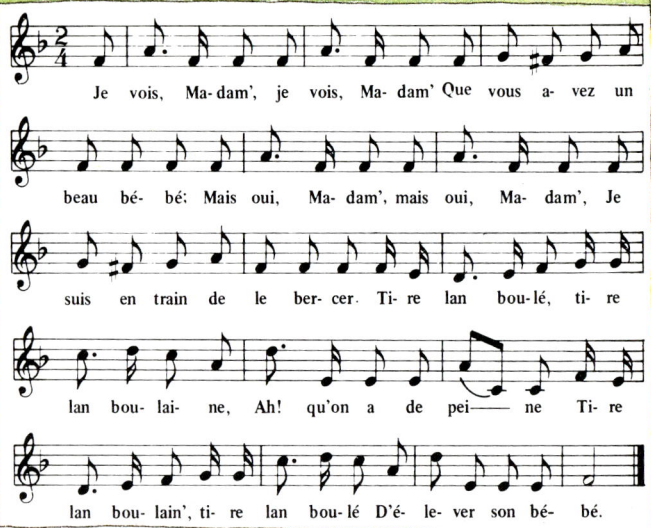

*C'est le compositeur
et musicologue suisse
Emile Jaques-Dalcroze
(1865-1950)
qui composa
ces couplets destinés
à être mimés :
un groupe d'enfants
se place autour
d'une petite fille*

Je vois, Madame, *(bis)*
Que vous avez un beau bébé ;
Mais oui, Madame, *(bis)*
Je suis en train de le bercer.
Tire lan boulé, tire lan boulaine,
Ah ! qu'on a de peine,
Tire lan boulaine, tire lan boulé
D'élever son bébé.

Je vois, Madame, *(bis)*
Que vous avez un beau bébé ;
Mais oui, Madame, *(bis)*
Je suis en train de le laver.
Tire lan boulé, tire lan boulaine,
Ah ! qu'on a de peine,
Tire lan boulaine, tire lan boulé
D'élever son bébé.

Je vois, Madame, *(bis)*
Que vous avez un beau bébé ;
Mais oui, Madame, *(bis)*
Je suis en train de l'fair' manger.
Tire lan boulé.

Je vois, Madame, *(bis)*
Que vous avez un beau bébé ;
Mais oui, Madame, *(bis)*
Je suis en train de l'habiller.
Tire lan boulé.

Je vois, Madame, *(bis)*
Que vous avez un beau bébé ;
Mais oui, Madame, *(bis)*
Je suis en train de l'faire marcher.
Tire lan boulé.

Je vois, Madame, *(bis)*
Que vous avez un beau bébé ;
Mais oui, Madame, *(bis)*
Je suis en train de le fouetter.
Tire lan boulé.

*qui tient dans ses bras un baigneur.
Comme l'indiquent les paroles, elle doit le bercer, le langer, accompagnée par le chœur des enfants qui, à chaque couplet, lèvent les bras au ciel en chantant :
« Ah ! qu'on a de peine... »*

Une souris verte

U- ne sou- ris ver- te Qui cou- rait dans l'her- be.
Je l'at- tra- pe par la queue, Je la montre à ces mes- sieurs.
Ces mes- sieurs me di- sent: Trem- pez- la dans l'hui- le,
Trem- pez- la dans l'eau, Ça fe- ra un es- car- got Tout
chaud. Je la mets dans un ti- roir, Ell' me dit: Il fait trop
noir. Je la mets dans mon cha- peau, Ell' me dit: Il fait trop chaud.

Une souris verte
Qui courait dans l'herbe.
Je l'attrape par la queue,
Je la montre à ces messieurs.
Ces messieurs me disent :
Trempez-la dans l'huile,
Trempez-la dans l'eau,
Ça fera un escargot
Tout chaud.
Je la mets dans un tiroir,

Ell' me dit : Il fait trop noir.
Je la mets dans mon chapeau,
Ell' me dit : Il fait trop chaud.

*L'origine de cette comptine connue dans toutes les régions de France et dans certains pays francophones est anonyme.
Elle semble cependant remonter à la fin du XVIIe ou au début XVIIIe siècle.*

Mon âne

Mon â-ne, mon â-ne a bien mal à sa tête; Ma-da-me lui fait

Récapitulation
fai- re un bon-net pour sa fête. Un bon-net pour sa fête

Et des sou-liers ver- nis, oui-da, Et des sou-liers ver- nis.

*Les paroles de cette chanson s'accompagnent des gestes suggérés couplet après couplet.
Voici une chanson « à récapitulation », c'est-à-dire qui, par répétitions, pourrait ne jamais s'arrêter.*

Mon âne, mon âne a bien mal
   à sa tête ;
Madame lui fait faire un bonnet
   pour sa fête.
Un bonnet pour sa fête
Et des souliers vernis, oui-da*,
Et des souliers vernis.

Mon âne, mon âne a bien mal
   aux oreilles ;
Madame lui fait faire un' pair'
   de boucl's d'oreilles.
Un' pair' de boucl's d'oreilles,
Un bonnet pour sa fête,
Et des souliers vernis, oui-da,
Et des souliers vernis.

Mon âne, mon âne a bien mal
   à ses yeux ;
Madame lui fait faire un' pair'
   de lunett's bleues.

Mon âne, mon âne a bien mal
  à son nez ;
Madame lui fait faire un joli
  cache-nez.

Mon âne, mon âne a mal
  à l'estomac ;
Madame lui fait faire une tass'
  de chocolat.

   * *Autre version :*
Et des souliers lilas, la la
Et des souliers lilas.

Passe, passera

Deux enfants se font face en se tenant les mains pour former un pont. Les autres passent dessous en farandole jusqu'à ce que les bras se rabaissent et emprisonnent l'un d'entre eux. Les deux premiers lui chuchotent à l'oreille une question (par exemple : « noir ou blanc ? ») et selon sa réponse le prisonnier doit se placer derrière l'un ou l'autre. Ainsi de suite, jusqu'à ce que se forment deux chaînes rivales.

Passe, passe, passera
La dernière, la dernière,
Passe, passe, passera
La dernière restera.
Qu'est-ce qu'elle a donc fait
La p'tite hirondelle ?
Elle nous a volé
Trois p'tits grains de blé.
On l'attrapera
La p'tite hirondelle,
Nous lui donnerons
Trois p'tits coups d'bâton.

Il court, le furet

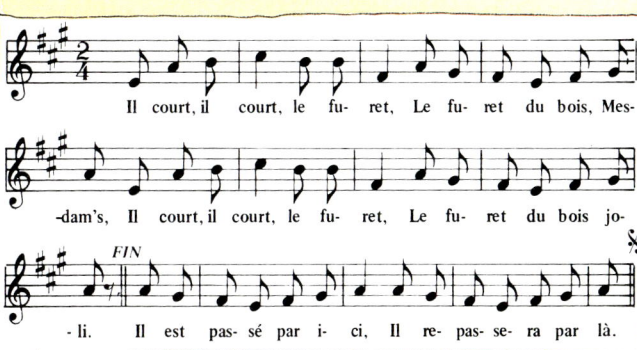

Il court, il court, le furet,
Le furet du bois, Mesdames,
Il court, il court, le furet,
Le furet du bois joli.
Il est passé par ici,
Il repassera par là.
Il court, il court, le furet,
Le furet du bois, Mesdames,
Il court, il court, le furet,
Le furet du bois joli.

*Le furet est un petit
animal des bois
dont le nom signifie
petit voleur.
On le dresse
pour dénicher les lapins
dans leurs terriers.
La chanson est une
chanson à jouer.
Le jeu du furet
consiste à faire
passer rapidement de
mains en mains un
anneau enfilé
sur une corde
et que l'un des joueurs
doit découvrir.
La chanson accompagne
le jeu, ou d'autres jeux
dans lesquels on cache
un objet.*

La pibole

Les paroles de cette chanson d'origine poitevine furent créées en 1731 sur un air déjà connu. C'est le cas pour beaucoup de chansons du folklore dont les thèmes varient au cours des époques. La pibole désignerait un instrument à vent, sorte de cornemuse qui accompagnait les danses paysannes à l'époque de Rabelais. Quant à la mère ageasse, il s'agit de la « pie », en patois poitevin, et de ses petits, les ageassons.

Au printemps, la mère ageasse *(bis)*
Fait son nid dans un buisson,
La pibole,
Fait son nid dans un buisson,
Pibolons.

Droit au bout de trois semaines *(bis)*
Il est né un ageasson,
La pibole,
Il est né un ageasson,
Pibolons.

Quand l'ageasson eut des ailes
Il vola sur les maisons.

Il tomba dans une église
Droit au mitan du sermon.

M'sieur l'curé dit : Dominus(se)
Vobiscum, dit l'ageasson.

Quelle est la fille qui jacasse
Dit le curé aux garçons.

M'sieur l'curé c'est une ageasse
Ou bien un p'tit ageasson.

Nous lui f'rons faire des guêtres
Et des petits caleçons.

L'enverrons dans nos campagnes
Pour y prêcher la mission.

Dans la forêt lointaine

*Dans ce canon à trois voix, la première voix entonne les deux premiers vers, la deuxième voix les vers 3 et 4, la troisième voix les vers 5 et 6.
Il est vrai que le coucou dont le nom est celui de son « chant » (enfin chant si l'on veut !) paraît bien être l'écho de la forêt et nous répondre quand on fait « coucou » !*

Dans la forêt lointaine,
On entend le coucou.
Du haut de son grand chêne
Il répond au hibou :
Coucou, coucou,
On entend le coucou.

Y'a une pie

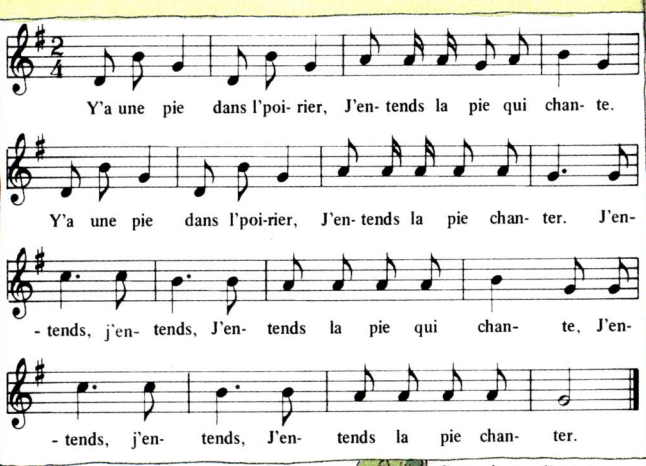

Y'a une pie dans l'poirier,
J'entends la pie qui chante.
Y'a une pie dans l'poirier,
J'entends la pie chanter.
J'entends, j'entends,
J'entends la pie qui chante,
J'entends, j'entends,
J'entends la pie chanter.

Sans doute d'origine normande cette chanson est une « scie », car ses répétitions dont on accompagne les marches font songer aux allées et venues des scies à bois. C'est par ironie que la chanson parle d'une pie qui chante car la pie ne chante pas, elle jacasse ! Une variante ancienne (début XIXᵉ siècle) dit : « Y' a une pie dans le l'poirier J'entends la mère qui chante »... En fait, elle appelle ses petits... ou les berce ?

L'oiselet

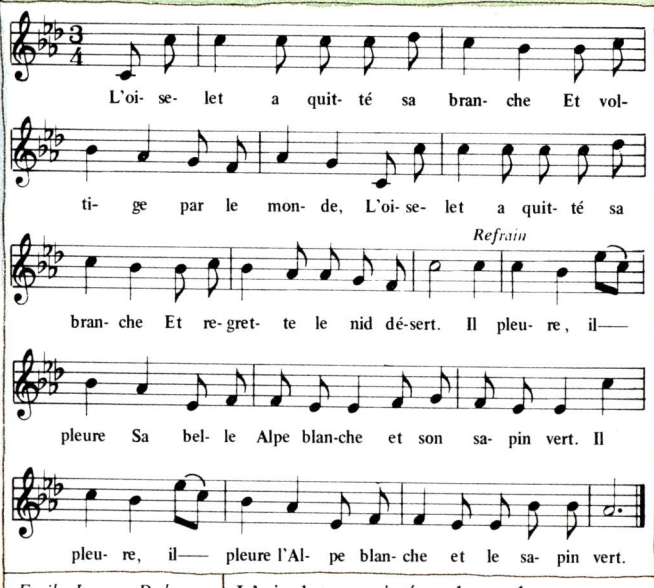

Emile Jaques-Dalcroze (1865-1950), le compositeur de cette chanson, créa des opéras, des pièces de musique de chambre et chorale. Editeur de recueils de chansons populaires de la Suisse romande, il est aussi le créateur de la gymnastique rythmique qui tend à harmoniser les mouvements du corps, la vie psychique et la musique.

L'oiselet a quitté sa branche
Et voltige par le monde,
L'oiselet a quitté sa branche
Et regrette le nid désert.

Refrain
Il pleure, il pleure
Sa belle Alpe blanche et son sapin vert.
Il pleure, il pleure.
L'Alpe blanche et le sapin vert.

L'oiselet a couru le monde,
Visité la terre entière,
L'oiselet a couru le monde
Et regrette le nid désert.

Et lassé de la terre entière,
L'oiseau, l'aile fatiguée,
Et lassé de la terre entière
Vient mourir en son nid désert.

Dernier refrain
Qu'il meure, qu'il meure
Près de l'Alpe blanche et du
 sapin vert.
Qu'il meure, qu'il meure.
Près de l'Alpe et du sapin vert.

J'ai vu le loup, le renard, le lièvre

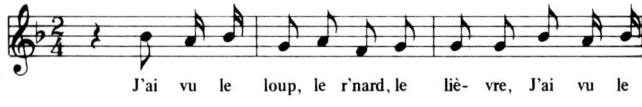

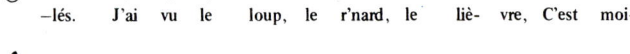

J'ai vu le loup, le renard, le lièvre,
J'ai vu le loup, le renard cheuler[1] :
C'est moi-même qui les ai rebeuillés[2].
J'ai vu le loup, le renard, le lièvre,
C'est moi-même qui les ai rebeuillés.
J'ai vu le loup, le renard cheuler.

J'ai ouï le loup, le renard, le lièvre,
J'ai ouï le loup, le renard chanter :
C'est moi-même qui les ai rechignés[3].
J'ai ouï le loup, le renard, le lièvre,
C'est moi-même qui les ai rechignés.
J'ai ouï le loup, le renard chanter.

J'ai vu le loup, le renard, le lièvre,
J'ai vu le loup, le renard danser :
C'est moi-même qui les ai revirés[4].
Miserere !

1. boire à la pinte ; 2. épiés ; 3. imités ; 4. fait danser.

Ces couplets proviennent d'une très ancienne chanson de maumariée (chanson dans laquelle une femme « mal mariée » dit son malheur en énumérant les défauts de son mari) et dont on a surtout retenu le refrain. Selon les régions, celui-ci connaît des variantes : « J'ai vu le loup, le renard, la belette. J'ai vu le loup, le renard danser ». La version présentée ici est bourguignonne.

C'était sur la tourelle

C'é-tait sur la tou-rel-le D'un vieux clocher bru— ni U-ne jeune hi-ron-del——le Le cœur en-cor bien frê——le E-tait au bord du—nid. E-tait au bord du—nid.

C'était sur la tourelle
D'un vieux clocher bruni
Une jeune hirondelle
Le cœur encore bien frêle
Etait au bord du nid. *(bis)*

Courage, dit sa mère
Ouvre ton aile au vent
Ouvre-la toute entière
Dans l'air et la lumière
Et t'élance en avant. *(bis)*

Mais l'hirondelle hésite
Et dit : C'est bien profond
Mon aile est trop petite
Mon cœur bat bien trop vite
Je m'en vais choir au fond. *(bis)*

L'hirondelle légère
Ouvre son aile au vent
L'ouvre bien toute entière
Dans l'air et la lumière
Et s'élance en avant. *(bis)*

Sa mère est avec elle
De tout son cœur chantait
Sa chanson d'hirondelle
Qui monte claire et belle
Au Dieu qui la portait. *(bis)*

Je suis comm' l'hirondelle
Je vais vers l'avenir
La vie me sera belle
Adieu soyez fidèles
Gardez mon souvenir. *(bis)*

C'était sur la tourelle *est la version française de* Der gute Kamerad *(Le bon camarade), chanson écrite au XIXᵉ siècle par le poète allemand Ludwig Uhland et le compositeur Friedrich Silcher dont les œuvres contribuèrent à développer la tradition du « lied », ou chant populaire allemand.*

Y'avait dix filles

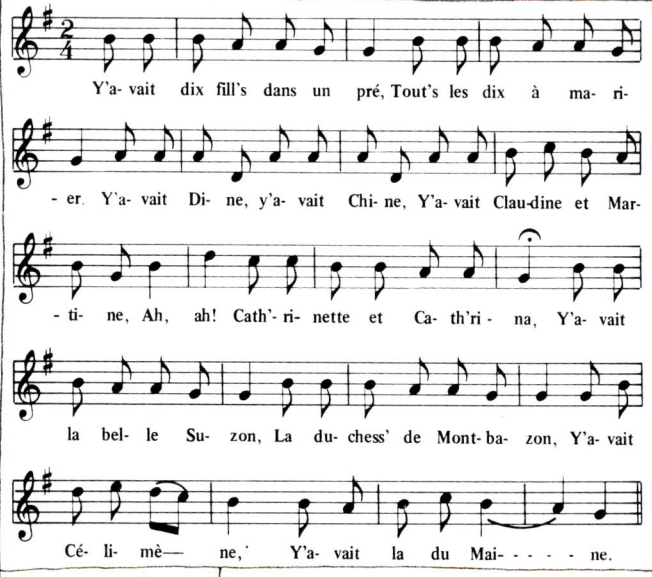

Gérard de Nerval cite cette chanson dans un des recueils de chansons populaires qu'il constitua afin de faire connaître à un public cultivé les richesses de la tradition orale. Les couplets mettent en scène des dames rendues célèbres par leurs intrigues et leurs mœurs galantes. On y retrouve la duchesse de Montbazon (1612–1657), chassée de la Cour par Louis XIII

Y'avait dix fill's dans un pré,
Tout's les dix à marier.
Y'avait Dine, y'avait Chine,
Y'avait Claudine et Martine,
Ah, ah ! Cath'rinette et Cath'rina,
Y'avait la belle Suzon,
La duchess' de Montbazon,
Y'avait Célimène,
Y'avait la du Maine.

Tout's les dix à marier,
L'fils du roi vint à passer,
R'garda Dine, r'garda Chine,
R'garda Claudine et Martine,
Ah, ah ! Cath'rinette et Cath'rina,

R'garda la belle Suzon,
La duchess' de Montbazon,
R'garda Célimène,
Sourit à la du Maine.

L'fils du roi vint à passer,
Il les a tout's saluées,
Salua Dine, salua Chine...
Baisé à la du Maine.

Et puis il leur a donné,
Bague à Dine, bague à Chine...
Diamant à la du Maine.

Puis il les mena souper,
Pomme à Dine, pomme à Chine...
Orange à la du Maine.

Puis elles fur'nt se coucher,
Paille à Dine, paille à Chine...
Bon lit à la du Maine.

Puis il les a renvoyées,
Renvoie Dine, renvoie Chine...
Mais garde la du Maine.

puis Mazarin, et la duchesse du Maine, épouse du fils de Louis XIV et de Madame de Montespan.

Margoton va-t-à l'iau

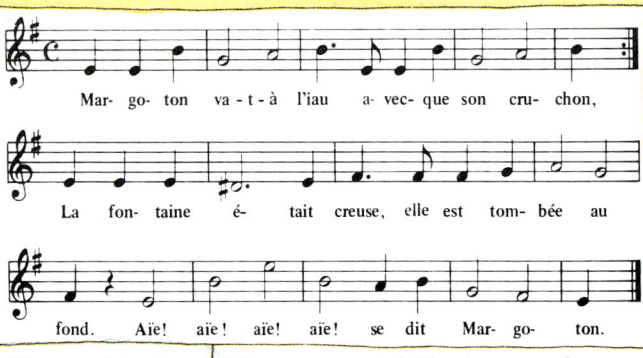

Chanson galante à l'origine, dans le ton de certaines chansons de bergères appréciées au XVIIIe siècle, l'histoire de Margoton gagna en popularité ce qu'elle perdit en malice.

Margoton va-t-à l'iau[1] avecque[2] son cruchon,
Margoton va-t-à l'iau avecque son cruchon,
La fontaine était creuse, elle est tombée au fond.
Aïe ! aïe ! aïe ! aïe ! se dit Margoton.

La fontaine était creuse, elle est tombée au fond,
La fontaine était creuse, elle est tombée au fond,
Par là passèrent trois jeunes et beaux garçons.
Aïe ! aïe ! aïe ! aïe ! se dit Margoton.

Par là passèrent trois jeunes et beaux garçons,
Par là passèrent trois jeunes et beaux garçons,
Que donn'rez-vous, la bell', nous vous retirerons.
Aïe ! aïe ! aïe ! aïe ! se dit Margoton.

1. A l'eau ; 2. Forme ancienne de avec.

Que donn'rez-vous, la bell', nous vous retirerons ?
Que donn'rez-vous, la bell', nous vous retirerons ?
Un doux baiser vous donne en guise d'un doublon[3].
Aïe ! aïe ! aïe ! aïe ! se dit Margoton.

3. Ancienne monnaie d'or espagnole.

Je sais au bord du Rhin

Je sais au bord du Rhin, Fa- lé-ri- dé-ri dé- ra la la la la!
Un tout pe- tit mou- lin, Fa- lé-ri- dé-ri dé————————— ra!

En épousant une meunière, le narrateur de cette chanson alsacienne est sans doute conscient de faire un bon mariage. Autrefois, si les meuniers étaient des personnages moins importants que les boulangers, leurs moulins, disséminés dans les campagnes ou au pourtour des villes, évoquaient la prospérité, et l'abondance des récoltes lorsqu'ils tournaient régulièrement. A la fin du XVIIIe siècle, en France, il existait en moyenne un moulin pour 400 habitants.

Je sais au bord du Rhin,
Faléri déri déra la la la la !
Un tout petit moulin,
Faléri déri déra !

J'étais encore bambin,
Faléri déri déra la la la la !
Quand j'allais au moulin,
Faléri déri déra !

On dit qu'un diablotin,
Habite le moulin.

Avais-je du chagrin,
M'en allais au moulin.

Mais las ! un beau matin,
Je devins fantassin.

Tout service a sa fin,
Je revins au moulin.

Voilà qu'en mon chemin,
Trouvai le diablotin.

J'embrass' le diablotin,
Sur ses joues de carmin.

J'épousai le lutin,
Avec lui le moulin.

C'est la fille de la meunière

C'est la fill' de la meunière
Qui dansait avec les gars.
Elle a perdu sa jarr'tière, —
Sa jarr'tière qui n'tenait pas
qui n'tenait, qui n'tenait, qui n'tenait guère,
Qui n'tenait, qui n'tenait, qui n'tenait pas.
La la la la la la la la la la la la la la la la la la la la la la la.

C'est la fille de la meunière
Qui dansait avec les gars.
Elle a perdu sa jarr'tière,
Sa jarr'tière qui n'tenait pas,
Qui n'tenait, qui n'tenait,
  qui n'tenait guère,
Qui n'tenait, qui n'tenait,
  qui n'tenait pas.

La cadence de cette mélodie en fait avant tout une chanson à danser. D'abord sur le rythme vif d'une polka puis sur celui encore plus enlevé d'une gigue. Ces deux formes de danse, très répandues dans le folklore, sont originaires, l'une de Pologne, l'autre d'Irlande.

Perrine était servante

Chanson folklorique originaire de l'ouest de la France et, plus précisément du Poitou, Perrine est une ronde à mimer, à trois personnages, dont on peut chanter les premiers vers en solo puis reprendre les bis en chœur.

Perrine était servante *(bis)*
Chez monsieur le curé
Digue don ma dondaine
Chez monsieur le curé
Digue don ma dondé.

Son galant vint la vouère *(bis)*
Le soir après souper
Digue don ma dondaine
Le soir après souper
Digue don ma dondé.

V'là m'sieur l'curé qu'arrive *(bis)*
Où vais-je me cacher ?
Digue don ma dondaine
Où vais-je me cacher
Digue don ma dondé.

Cache-te dans tio grand coffre *(bis)*
Y port'rai à manger
Digue don ma dondaine
Y port'rai à manger
Digue don ma dondé.

Mais pendant trois semaines *(bis)*
La bell' l'a oublié
Digue don ma dondaine
La bell' l'a oublié
Digue don ma dondé.

Au bout de trois semaines *(bis)*
Les rats l'avions mangé
Digue don ma dondaine
Les rats l'avions mangé
Digue don ma dondé.

Y n'restait plus qu'ses chausses *(bis)*
Et l'bouton d'son gilet
Digue don ma dondaine
Et l'bouton d'son gilet
Digue don ma dondé.

V'là c'que c'est qu'd'aller vouère *(bis)*
Les filles après souper
Digue don ma dondaine
Les filles après souper
Digue don ma dondé.

Mon père avait cinq cents moutons

On appelle
« pastourelles »
les chansons qui
mettent en scène une
bergère et un chevalier
ou un fils de roi.
Ce genre, répandu
par les troubadours
à partir du XIIe siècle,
est répertorié
dans toutes les
provinces françaises.
Mais il connut un
engouement
particulier à la veille
de la Révolution
lorsque se développa,
à la Cour, la mode
des décors champêtres
et des idylles aux tons
pastels, entre bergères
spirituelles et princes
charmants.

Mon père avait cinq cents moutons
Dont j'étais la bergère,
Dont j'étais la bergère,
Dondaine, dondon,
Dont j'étais la bergère,
Don,
Dont j'étais la bergère.

La première fois que je les mène
    aux champs,
Le loup m'en a pris quinze,
Le loup m'en a pris quinze,
Dondaine, dondon,
Le loup m'en a pris quinze,
Don,
Le loup m'en a pris quinze.

Le fils du roi vint à passer,
M'a rendu ma quinzaine.

– La Belle, que m'y donnerez-vous,
Oh ! pour ma récompense ?

– Quand je tondrai mes blancs moutons,
Je vous donnerai la laine.

– De la laine, je n'en veux point,
Je veux ton cœur volage.

– Mon cœur volage n'est point pour vous,
Il est en mariage.

Jeanneton prend sa faucille

Une des premières versions de cette chanson fut publiée en 1614 dans un recueil intitulé La Fleur de toutes les plus belles chansons qui se chantent en France. *Comme beaucoup de chansons du folklore, elle a connu plusieurs variantes. Mais Jeanneton est toujours restée naïve, ou délurée. Comme on voudra.*

Jeanneton prend sa faucille
Larirette larirette
Jeanneton prend sa faucille
Pour aller couper du jonc.

En chemin elle rencontre
Larirette larirette
En chemin elle rencontre
Quatre jeunes et beaux garçons.

Le premier un peu timide
Larirette larirette
Le premier un peu timide
La traite de laideron.

Le deuxième pas très sage
Larirette larirette
Le deuxième pas très sage
Lui caressa le menton.

Le troisième encore moins sage
Larirette larirette
Le troisième encore moins sage
La poussa sur le gazon.

Ce que fit le quatrième
Larirette larirette
Ce que fit le quatrième
N'est pas dit dans la chanson.

Vous voulez l'savoir Mesdames
Larirette larirette
Vous voulez l'savoir Mesdames
Faut aller couper du jonc.

Catherine était chrétienne

La religion est un thème souvent utilisé dans le folklore populaire et particulièrement Sainte Catherine, la patronne des jeunes filles. Cette chanson doit remonter à une époque où on voulait faire peur à ceux qui ne pratiquaient pas (fin XVIIe siècle). Les onomatopées bidiboum, bidiboum... évoquent le son des cloches.

Cath'rine était chrétienne,
Bidiboum, bidiboum, bidiboum, boumboum,
Cath'rine était chrétienne,
Son pèr' ne l'était pas, ah, ah ! ah, ah ! *(bis)*
Son pèr' ne l'était pas.

Un jour dans sa prière,
Bidiboum, bidiboum, bidiboum, boumboum,
Un jour dans sa prière,
Son père la trouva, ah, ah ! ah, ah ! *(bis)*
Son père la trouva.

Que fais-tu là ma fille
Dans cette pose-là ?

Je prie le Dieu, mon Père,
Que vous n'connaissez pas.

Relève-toi ma fille
Ou bien l'on te tuera.

Tuez-moi donc, mon père,
Je ne faillirai pas.

Le roi dans sa colère
D'un glaive la transperça.

Les anges descendirent
Chantant alleluia.

La ronde des petits nains

Les petits nains de la montagne, Verduronnette, verduré, La nuit font toute la besogne Pendant que dorment les bergers. Avec des balais d'olivier, Nix, nax, nix, nax, nox, Ils font bien propre le plancher. Nix, nax, nix, nax, nox, Nix, nax, nox, cric, crac, croc, Cric, crac, cric, croc, cric, crac, croc.

Refrain
Les petits nains de la montagne,
Verduronnette, verduré,
La nuit font toute la besogne
Pendant que dorment les bergers.

Avec des balais d'olivier,
Nix, nax, nix, nax, nox,
Ils font bien propre le plancher.
Nix, nax, nix, nax, nox,
Nix, nax, nox, cric, crac, croc,
Cric, crac, cric, croc, cric, crac, croc.

Les pieds croisés sous leurs séants,
Nix, nax, nix, nax, nox,
Ils ravaudent les vêtements.
Nix, nax, nix, nax, nox,
Nix, nax, nox, cric, crac, croc,
Cric, crac, cric, croc, cric, crac, croc.

Puis dans l'étable pénétrant,
Ils traient la vache en un moment.

Dans la baratte ils mett'nt le lait,
Battre le beurre est bientôt fait.

Puis ils descendent au jardin,
Bêcher la terre avec entrain.

D'autres veillent près des bébés,
Pour les bercer et les moucher.

Le texte et la musique de cette chanson sont du célèbre compositeur et parolier suisse Emile Jaques-Dalcroze (1865-1950) qui, on le sait, contribua à la création de la danse rythmique. Et cette chanson invite à la danse. La ronde s'accomplit pendant le refrain ; et à chaque couplet on mime les gestes suggérés par le texte.

Arlequin dans sa boutique

Ar- le- quin dans sa bou- ti- que Sur les mar- ches du pa- lais, Il en- sei- gne la mu- si- que A tous ses pe- tits va- lets. Oui, Mon-sieur Po, Oui, Monsieur Po- li- chi- nelle.
Oui, Mon-sieur Li,
Oui, Mon-sieur Chi,
Oui, Monsieur Nelle,
Oui, Mon-sieur Polichinelle

Un recueil de 1846 fait mention de cette chanson que l'on chantait sur un air du XVIIIe siècle. Elle met en scène deux personnages célèbres de la commedia dell'arte, Arlequin et Polichinelle. Dans le théâtre italien Arlequin, vêtu d'un pourpoint à losanges multicolores, est un valet fripon, paresseux et stupide, enclin à tromper ses maîtres et à taquiner les servantes. Le personnage se modifia lorsque les comédiens italiens vinrent en France divertir la cour de Louis XIV, jusqu'à devenir tendre et doux comme les friandises qu'il vend

Arlequin dans sa boutique
Sur les marches du palais,
Il enseigne la musique
A tous ses petits valets.

Refrain
Oui, Monsieur Po,
Oui, Monsieur Li,
Oui, Monsieur Chi,
Oui, Monsieur Nelle,
Oui, Monsieur Polichinelle.

Il vend des bouts de réglisse
Meilleurs que votre bâton,
Des bonhommes en pain d'épice
Moins bavards que vous, dit-on.

Il a des pralines grosses
Bien plus grosses que le poing,
Plus grosses que les deux bosses
Qui sont dans votre pourpoint.

Il a de belles oranges
Pour les bons petits enfants,
Et de si beaux portraits d'anges
Qu'on dirait qu'ils sont vivants.

Il ne bat jamais sa femme,
Ce n'est pas comme chez vous,
Comme vous il n'a pas l'âme
Aussi dure que des cailloux.

Vous faites le diable à quatre
Mais pour calmer vot' courroux,
Le diable viendra vous battre,
Le diable est plus fort que vous.

*dans la chanson,
et l'éternel amoureux
de Colombine
dont il se dispute
les grâces avec Pierrot.
Quant à Polichinelle,
il s'affuble de
deux bosses,
d'un nez
rouge
et crochu et
d'un bâton.*

Gugusse

C'est Gugusse a-vec son vio-lon Qui fait dan-ser les fil- les, Qui fait dan-ser les fil- les, C'est Gu-gusse a- vec son vio-lon Qui fait dan-ser les filles Et les gar-çons. Mon pa- pa Ne veut pas Que je dan- se, que je dan- se, Mon pa- pa Ne veut pas Que je dan- se la pol- ka. Il di- ra Ce qu'il vou- dra, Moi je dan- se, moi je dan- se, Il di- ra Ce qu'il vou- dra, Moi je dan- se la pol- ka.

Chanson de violoneux, celui qui jouait du violon dans les noces à la campagne, elle date du Second Empire. Le mot polka

C'est Gugusse avec son violon
Qui fait danser les filles, *(bis)*
C'est Gugusse avec son violon
Qui fait danser les filles
Et les garçons.
Mon papa

Ne veut pas
Que je danse, que je danse,
Mon papa
Ne veut pas
Que je danse la polka.
Il dira
Ce qu'il voudra,
Moi je danse, moi je danse,
Il dira
Ce qu'il voudra,
Moi je danse la polka.

utilisé pour désigner une danse populaire est employé en français pour la première fois en 1842.

Chanson pour faire danser en rond les petits enfants

Grand bal sous— le ta- ma- rin, On danse et l'on

tam- bou- ri- ne. Tout bas par— lent, sans cha- grin,

Ma- thu- rin à Ma- thu- ri- ne, Ma- thu- rine— à Ma- thu- rin.

Après avoir perdu une grande partie des siens, Victor Hugo publia à soixante-trois ans un recueil de poèmes intitulé L'Art d'être grand-père *dans lequel s'exprime la tendresse qu'il portait à ses deux petits-enfants, Georges et Jeanne. C'est pour eux qu'il composa cette ronde dont le rythme s'inspire du folklore traditionnel.*

Grand bal sous le tamarin,
On danse et l'on tambourine.
Tout bas parlent, sans chagrin,
Mathurin à Mathurine,
Mathurine à Mathurin.

C'est le soir, quel joyeux train !
Chantons à pleine poitrine
Au bal plutôt qu'au lutrin.
Mathurin à Mathurine,
Mathurine à Mathurin.

Découpé comme au burin,
L'arbre, au bord de l'eau marine,
Est noir sur le ciel serein.
Mathurin à Mathurine,
Mathurine à Mathurin.

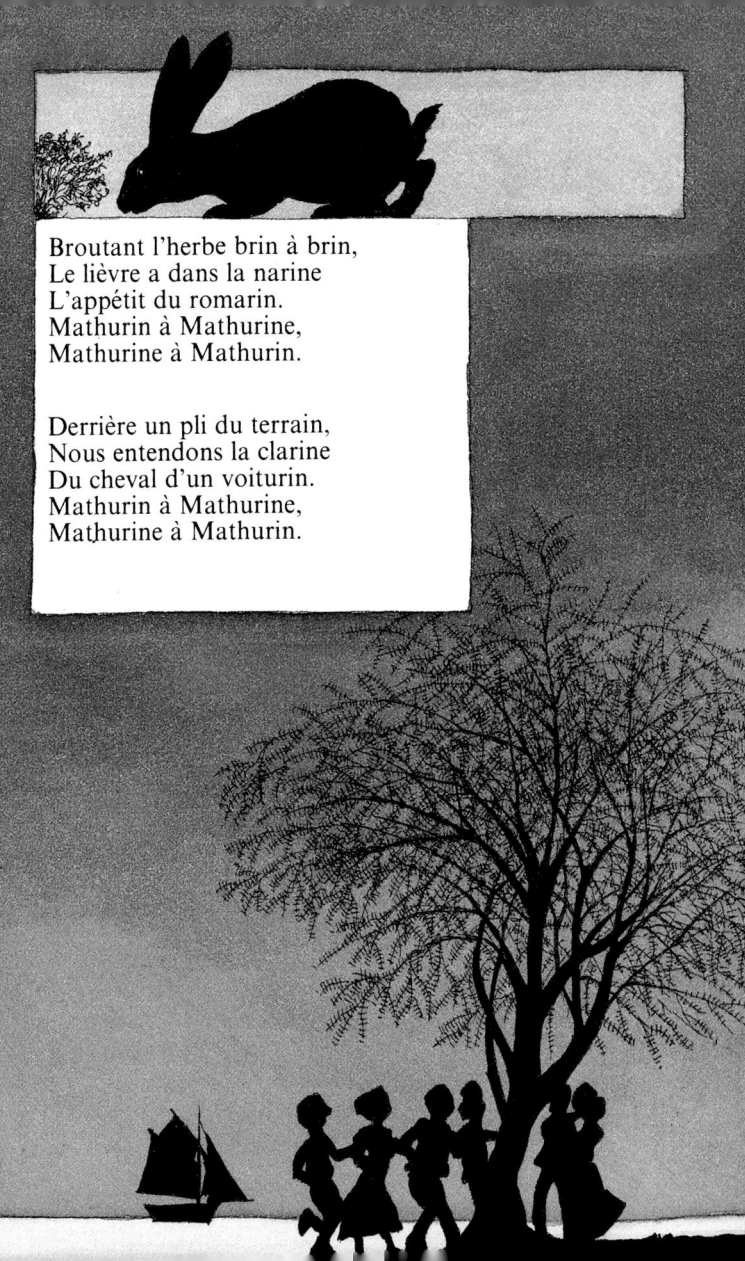

Broutant l'herbe brin à brin,
Le lièvre a dans la narine
L'appétit du romarin.
Mathurin à Mathurine,
Mathurine à Mathurin.

Derrière un pli du terrain,
Nous entendons la clarine
Du cheval d'un voiturin.
Mathurin à Mathurine,
Mathurine à Mathurin.

Ballade à la lune

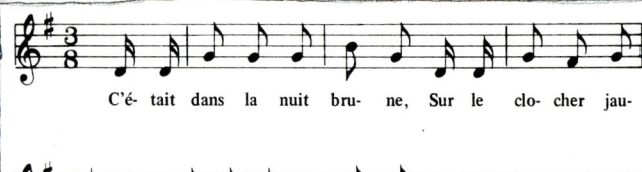

« A cette époque, je brochais des ballades, l'une/ A la lune,/ L'autre à des yeux noirs et jaloux,/ Andalous ».
Dans cette déclaration de 1843, Alfred de Musset semble faire peu de cas de ces quatrains écrits, selon lui, au fil de la plume. Pourtant, la Ballade à la lune *reste associée au nom de ce grand poète romantique. On ignore qui la mit en musique.*

C'était dans la nuit brune,
Sur le clocher jauni,
La lune *(bis)*
Comme un point sur un i.

Lune, quel esprit sombre
Promène au bout d'un fil,
Dans l'ombre *(bis)*
Ta face et ton profil ?

N'es-tu rien qu'une boule ?
Qu'un grand faucheux bien gras
Qui roule *(bis)*
Sans pattes et sans bras ?

Est-ce un ver qui te ronge
Quand ton disque noirci
S'allonge *(bis)*
En croissant rétréci ?

Car tu vins, pâle et morne,
Coller sur mes carreaux
Ta corne *(bis)*
A travers mes barreaux.

T'aimera le vieux pâtre,
Seul, tandis qu'à ton front
D'albâtre *(bis)*
Ses dogues aboieront.

T'aimera le pilote
Dans son grand bâtiment,
Qui flotte *(bis)*
Sous le clair firmament !

Comme un ours à la chaîne,
Toujours sous tes yeux bleus
Se traîne *(bis)*
L'océan monstrueux.

Et qu'il vente ou qu'il neige,
Moi-même chaque soir,
Que fais-je *(bis)*
Venant ici m'asseoir ?

Je viens voir à la brune,
Sur le rocher jauni,
La lune *(bis)*
Comme un point sur un i.

Le rat de ville et le rat des champs

Encouragé par un public friand de son art et de son habileté à peindre sous les traits les plus divers la société des hommes, La Fontaine publia trois gros recueils de fables de 1668 à 1694. Le rythme de leurs vers a parfois inspiré des adaptations musicales, comme celle-ci dont l'auteur est resté anonyme.

Autrefois le rat de ville
Invita le rat des champs,
D'une façon fort civile,
A des reliefs d'ortolans.

Sur un tapis de Turquie
Le couvert se trouva mis.
Je laisse à penser la vie
Que firent ces deux amis.

Le régal fut fort honnête,
Rien ne manquait au festin,
Mais quelqu'un troubla la fête
Pendant qu'ils étaient en train.

A la porte de la salle
Ils entendirent du bruit :
Le rat de ville détale,
Son camarade le suit.

Le bruit cesse, on se retire,
Rats en campagne aussitôt,
Et le citadin de dire :
– Achevons tout notre rôt.

– C'est assez, dit le rustique,
Demain vous viendrez chez moi.
Ce n'est pas que je me pique
De tous vos festins de roi,

Mais rien ne vient m'interrompre,
Je mange tout à loisir.
Adieu donc. Fi du plaisir
Que la crainte peut corrompre !

J'ai perdu le do

J'ai perdu le do de ma clarinette, *(bis)*
Ah ! si papa il savait ça, tralala, *(bis)*
Il dirait : Ohé ! *(bis)*
Tu n'connais pas la cadence,
Tu n'sais pas comment l'on danse,
Tu n'sais pas danser
Au pas cadencé.
Au pas, camarade, *(bis)*
Au pas, au pas, au pas
Au pas, camarade, *(bis)*
Au pas, au pas, au pas
Au pas, au pas.

Continuer avec toutes les notes de la gamme.

La clarinette, mise au point en Allemagne au XVIIIᵉ siècle, ne fut pas toujours uniquement destinée à la musique de concert. Comme le laissent entendre les paroles de la chanson, on dansait autrefois au son de la clarinette. En effet, elle se répandit dans les campagnes au XIXᵉ siècle lorsque se développèrent les harmonies de village où elle tenait sa place aux côtés des cuivres. Dans bien des régions de France, le clarinettiste interprétait les airs du folklore dans les noces et les fêtes de village au même titre que des musiciens plus traditionnels comme les joueurs de vielle, de cornemuse ou les violoneux.

L'orphéoniste

Le mot orphéoniste date de 1852 et désigne le joueur d'orphéon, vieil instrument à cordes et à clavier analogue à la vielle. La chanson doit dater de la deuxième moitié du XIXe siècle, au moment des premières expéditions en Afrique noire, alors que l'on croyait que tous les nègres étaient anthropophages.

Il était un orphéoniste,
S'appelait-il Pierre ou Baptiste,
L'histoire n'en dit pas un mot,
Do si la sol fa mi ré do.

Il entreprit un long voyage,
En emportant pour tout bagage,
Quatre chaussettes et un faux-col,
Sol fa mi ré do si la sol.

Il faisait voile vers l'Angleterre,
Mais par l'effet des vents contraires,
Il aborda près du Congo,
Do si la sol fa mi ré do.

La reine de ce pays sauvage
Se promenait sur le rivage
Sous un très vaste parasol,
Sol fa mi ré do si la sol.

Elle lui dit : – P'tit blanc approche,
Je veux te manger à la broche
Avec de l'ail et du persil,
Si la sol fa mi ré do si.

Dans cett' situation critique
Il s'mit à faire de la musique,
Et la reine voulut l'épouser,
Ré do si la sol fa mi ré.

Par cett' histoir' si mirifique
On voit qu'en faisant d'la musique
On peut dev'nir roi du Congo,
Do si la sol fa mi ré do.

La pêche des moules

La Saintonge, région d'où provient cette chanson, est bien connue pour ses cultures d'huîtres, les célèbres marennes, et de moules.
On attribue parfois à cette chanson malicieuse des paroles plus récentes ; rengaine composée sur le thème : « Jamais on n'a vu, vu, vu, Jamais on n'verra, ra, ra (La queue d'une souris, Dans l'oreille d'un chat, etc.) »

Refrain
A la pêche des moules
Je ne veux plus aller
　Maman !
A la pêche des moules
Je ne veux plus aller.

Les garçons de Marennes
Me prendraient mon panier
    Maman.
Les garçons de Marennes
Me prendraient mon panier.

Quand un' fois ils vous tiennent
Sont-ils de bons enfants
    Maman ?
Quand un' fois ils vous tiennent
Sont-ils de bons enfants ?

Ils vous font des caresses
De petits compliments
    Maman !
Ils vous font des caresses
De petits compliments.

Le petit matelot

Chanson de marin du XVIIIe siècle, elle témoigne d'une époque de grande navigation sur l'océan Indien. Elle appartient à la catégorie des chansons « à tiroirs ». Elle se termine par une évocation populaire et folklorique de l'histoire de Jonas qui fut dévoré par la baleine.

C'était un petit matelot,
Sur les flots de la mer indienne.
C'était un petit matelot,
Oh, oh, petit matelot.

Voguait de Brest à Frisco,
Sur les flots de la mer indienne.
Voguait de Brest à Frisco,
Oh, oh, petit matelot.

Un jour le temps se fit très gros.

Serr' les voil' tout le monde en haut.

Tombe de plus de vingt mètres de haut.

On mit la chaloupe à l'eau.

Pour vite le tirer des flots.

Mais on ne sauva que son chapeau.

Sa vieille pipe et ses sabots.

Peut-être bien que le p'tit matelot

Est dans le ventre d'un cachalot.

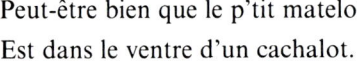

Pique la baleine

Pour retrouver un jour ma douce amie,
oh ! mes boués !
Ouh ! là,
Ouh ! là là là !
Pique la baleine joli baleinier,
Pique la baleine je veux naviguer !

Aux mille mers j'ai navigué,
oh ! mes boués !
Ouh ! là,
Ouh ! là là là !
Pique la baleine joli baleinier,
Pique la baleine je veux naviguer !

Des mers du Nord aux mers du Sud,
oh ! mes boués !
Ouh ! là,
Ouh ! là là là !
Pique la baleine joli baleinier,
Pique la baleine je veux naviguer !

Cette complainte de marin fait partie de la tradition des baleiniers français qui, jusqu'à la fin du siècle dernier, parcouraient les mers

pendant des mois sur les traces des grands cétacés sans être sûrs de revenir.

Je l'ai r'trouvée quand j'm'ai neyé,
oh ! mes boués !
Ouh ! là,
Ouh ! là là là !
Pique la baleine joli baleinier,
Pique la baleine je veux naviguer !

Dans les grands fonds elle m'espérait,
oh ! mes boués !
Ouh ! là,
Ouh ! là là là !
Pique la baleine joli baleinier,
Pique la baleine je veux naviguer !

En couple à elle me suis couché,
oh ! mes boués !
Ouh ! là,
Ouh ! là là là !
Pique la baleine joli baleinier,
Pique la baleine je veux naviguer !

Mettait sa chaloupe à l'eau

Mettait sa chaloupe à l'eau (*bis*)
Matelot cassa sa bras,
M'entendez-vous ?
Et si toi ti moqu' de moi,
Moi je me moqu' de vous !

Inspirée du folklore antillais, cette chanson a certainement été composée pour être interprétée par une belle voix de soliste.

Matelot cassa sa bras (*bis*)
L'chirurgi il était là,
M'entendez-vous ?
Et si toi ti moqu' de moi,
Moi je me moqu' de vous !

L'chirurgi il était là
Il voulait couper sa bras...

Il voulait couper sa bras
Matelot ni voulut pas...

Matelot ni voulut pas
A la foire il s'en alla...

A la foire il s'en alla
Et c'est là qu'il acheta...

Et c'est là qu'il acheta
Une pipe et du tabac...

Une pipe et du tabac
Ça lui a remis sa bras...

Ça lui remis sa bras
Mon histoire finit là...

La Marie-Joseph

Ça nous a pris trois mois complets Pour découvrir quels étaient ses projets Quand le pèr' nous l'a dit, c'était trop beau Pour nos vacanc's nous avions un bateau. D'un bond, d'un seul et sans hésitation On s'do-cument' sur la navigation, En moins d'huit jours nous fûm's persuadés Qu'la mer pour nous n'aurait plus de secrets.

Refrain

Encor' heureux qu'il ait fait beau Et qu'la Marie-Joseph soit un bon bateau, Encor' heureux qu'il ait fait beau Et qu'la Marie-Joseph soit un bon bateau.

La Marie-Joseph *n'est pas une chanson du folklore marin mais l'œuvre d'un auteur-compositeur-interprète Stéphane Golmann, qui l'écrivit en 1951. Elle fut interprétée, et mimée, par les Frères Jacques qui contribuèrent à la rendre célèbre.*

Ça nous a pris trois mois complets
Pour découvrir quels étaient ses projets
Quand le pèr' nous l'a dit, c'était trop beau
Pour nos vacanc's nous avions un bateau.
D'un bond, d'un seul et sans hésitation
On s'document' sur la navigation,
En moins d'huit jours nous fûm's persuadés
Qu'la mer pour nous n'aurait plus de secrets.

Refrain
Encor' heureux qu'il ait fait beau
Et qu'la *Marie-Joseph* soit un bon bateau,
Encor' heureux qu'il ait fait beau
Et qu'la *Marie-Joseph* soit un bon bateau.

Le pèr' alors fit preuv' d'autorité :
« J'suis ingénieur, laissez-moi commander. »
D'vant l'résultat on lui a suggéré
Qu'un vrai marin vienn' nous accompagner.
Alors j'ai dit : « J'vais prendr' la direction,
Ancien marin j'sais la navigation. »
J'commenc' à croire qu'c'était prématuré :
Faut pas confondr' guitar' et naviguer.

Côté jeun's fill's, c'était pas mal :
Ça nous a coûté l'écout' de grand-voile ;
En la coupant Maguy dit :
  « J'me rappelle
Qu'un d'mes louv'teaux voulait de la ficelle ! »
Pour la deuxièm', fallait pas la laisser
Toucher la barr' ou mêm' s'en approcher :
Car en moins d'deux on était vent debout
« J'aime tant l'expression, disait-elle, pas vous ? »

Quand final'ment on a pu réparer
Alors on s'est décidé à rentrer ;
Mais on n'a jamais trouvé l'appont'ment,
Car à minuit on n'y voit pas tell'ment.
On dit : « Maussad' comm' un marin breton ».
Moi j'peux vous dir' qu' c'est pas mon impression,
Car tous les gars du côté d'Noirmoutiers
Ne sont pas près d's'arrêter d'rigoler.

Chantons pour passer le temps
Chanson à virer au cabestan

Chantons pour passer le temps
  Les amours jolies d'une belle fille,
  Chantons pour passer le temps
Les amours jolies d'un' fill'
  de quinz'ans.
Aussitôt qu'elle fut promise,
Aussitôt elle changea de mise

Et prit l'habit de matelot,
Pour s'embarquer à bord du navire
Et prit l'habit de matelot,
Pour s'embarquer à bord du
  vaisseau.

Le capitain' du bâtiment
Etait enchanté d'un si beau
  jeun' homme,
Le capitain' du bâtiment
Le fit appeler su' l' gaillard d'avant :
– Tes beaux yeux, ton joli visage,
Ta tournur' et ton joli corsage
Me font toujours me rappeler
Z'à une beauté que j'ai tant aimée,
Me font toujours me rappeler
Z'à une beauté que j'ai tant aimée.

– Monsieur, vous vous moquez de moi,
Vous me badinez, vous me faites rire,
Monsieur, vous vous moquez de moi :
Je suis embarqué au port de Lorient ;
Je suis né à la Martinique,
Et même je suis enfant unique ;
Et c'est un navir' hollandais
Qui m'a débarqué au port de
  Boulogne,
Et c'est un navir' hollandais
Qui m'a débarqué au port de Calais.

Ils ont ainsi vécu sept ans
Sur le mêm' bateau sans
  se reconnaître,
Ils ont ainsi vécu sept ans,
Se sont reconnus au débarquement.
– Puisqu'enfin l'Amour
  nous rassemble,
Nous allons nous marier ensemble ;
L'argent que nous avons gagné,
Il nous servira dans notre ménage,
L'argent que nous avons gagné,
Il nous servira pour nous marier.

Cette chanson traditionnelle de Normandie est une chanson que les matelots chantaient pour « virer au cabestan ». Le rythme lent de la mélodie accompagnait dans leur effort le groupe d'hommes qui poussaient le treuil permettant de hisser l'ancre du navire. Le thème de la chanson, la fiancée qui prend des habits d'homme pour suivre son bien-aimé, était très répandu au XVIII e siècle lorsque soldats et marins s'engageaient pour plusieurs années.

Adieu, cher camarade
Chanson du gaillard d'avant

Adieu, cher camarade, adieu, faut nous quitter, Faut quitter la bamboche, à bord y faut aller, En arrivant à bord, en montant la coupée, A l'officier de quart il faudra se présenter, Faudra se présenter !

Adieu, cher camarade, adieu, faut nous quitter,
Faut quitter la bamboche, à bord y faut aller,
En arrivant à bord, en montant la coupée,
A l'officier de quart il faudra se présenter,
Faudra se présenter !

Adieu, cher camarade se classe dans la catégorie des chansons de « gaillard d'avant ». Cette expression désigne la partie du bateau occupée par l'équipage, l'arrière étant réservée aux quartiers des officiers. Ceux-ci n'appréciaient guère cette chanson de matelot dont les paroles encourageaient à l'indiscipline, si ce n'est à la mutinerie ; et les commandants de vaisseau de la Marine nationale finirent par l'interdire. Elle connut le même sort dans l'infanterie où des soldats remplaçaient le mot « marin » par « biffin », soldat de l'infanterie.

Coup de sifflet du maître : « Poste d'appareillage ! »
Autour du cabestan se range l'équipage ;
Un jeune quartier-maître, le garcett' à la main,
Aux ordres d'un premier-maître nous astique les reins,
Nous astique les reins !

Jours de fête et dimanches on nous fait travailler,
Comm' les bêtes de somm' qui sont chez nos fermiers ;
Pour ration des gourgan's, du biscuit plein de vers,
Le quart de vin en bas et la nuit, les pieds aux fers,
La nuit, les pieds aux fers !

Et toi, ma pauvre mère qu'as-tu fait de ton fils,
Marin, c'est la misèr', marin c'est trop souffrir ;
J'ai encor' un p'tit frèr', qui dort dans son berceau,
Je t'en supplie ma mère, n'en fais pas un mat'lot,
N'en fais pas un mat'lot !

Gouttelettes

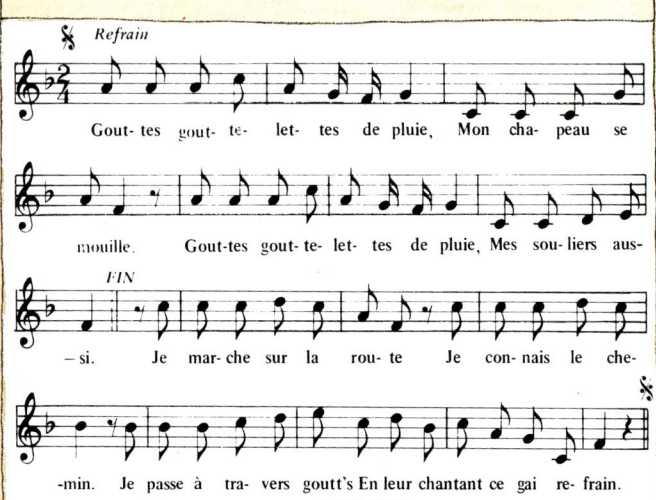

Refrain
Gouttes gouttelettes de pluie,
Mon chapeau se mouille.
Gouttes gouttelettes de pluie,
Mes souliers aussi.

Je marche sur la route
Je connais le chemin.
Je passe à travers goutt's
En leur chantant ce gai refrain.

Je marche dans la boue
J'en ai jusqu'au menton.
J'en ai même sur les joues
Et pourtant je fais attention.

Mais derrière les nuages
Le soleil s'est levé.
Il sèche le village,
Mon chapeau et mes souliers.

Dernier refrain
Gouttes gouttelettes de pluie,
Adieu les nuages.
Gouttes gouttelettes de pluie,
L'averse est finie.

Francine Cockenpot, l'auteur de cette chanson, née en 1918 a composé et écrit plus de 700 chansons. Certaines, comme Colchiques dans les prés, J'ai lié ma botte *sont si connues qu'on les croit bien souvent issues du folklore traditionnel.*

La légende du feu

L'auteur de cette chanson, Henri Colas, est connu pour avoir animé au début du siècle de nombreux groupements de jeunes, à l'époque où Baden-Powel créait le mouvement scout. Il écrivit plus de 800 chansons dont beaucoup figurent au répertoire des mouvements de jeunesse.

Les scouts mettent la flamme
Aux bois résineux,
Ecoutez chanter l'âme
Qui palpite en eux.

Refrain
Monte flamme légère
Feu de camp, si chaud, si bon !
Dans la plaine ou la clairière,
Monte encore et monte donc *(bis)*
Feu de camp si chaud, si bon !

Autrefois j'étais prince,
Perfide et méchant,
Dépeuplant la province
De petits enfants.

Me tendit ses embûches
L'enchanteur Merlin,
M'enferma dans les bûches
Du grand bois voisin.

Youkaïdi

Aux pre- miers feux du so- leil, You-kaï- di, You-kaï- da,
Tout le camp est en é- veil, You- kaï- di, Aï- da.
On voit sor- tir de la ten- te La trou- pe aler- te qui chan- te.

Refrain
You- kaï- di, You- kaï- da, You- kaï- di, Aï- di Aï- da,
You- kaï- di, You- kaï- da, You- kaï- di, Aï- da.

Bien connue des scouts, cette chanson a son équivalent dans plusieurs langues : Youkaïdi, Youkaïda se dit en anglais : Upidea, Upida ; en allemand : Juchheidi, Juchheida ; en espagnol : Oh cairi, Oh caira...

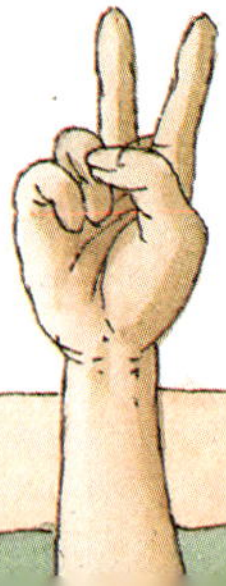

Aux premiers feux du soleil
Youkaïdi, Youkaïda,
Tout le camp est en éveil
Youkaïdi, Aïda,
On voit sortir de la tente
La troupe alerte qui chante.

Refrain
Youkaïdi, Youkaïda,
Youkaïdi, Aïdi, Aïda,
Youkaïdi, Youkaïda
Youkaïdi, Aïda.

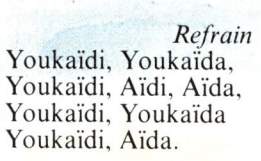

Le campeur, en voyageant,
Peut aller mêm' sans argent,
Toujours joyeux en chemin
Qu'importe le lendemain !

Toujours prêts quoi qu'il arrive,
Ayons de l'initiative,
Sans geindre, ni criailler
Nous saurons nous débrouiller.

Nous sommes toujours contents,
Qu'il pleuve ou fasse beau temps,
Sans reproches et sans peur
Est devise du campeur.

L'honneur est notre noblesse,
Un bon cœur notre richesse,
Tout droit, fièrement, sans peur
Ainsi marche le campeur.

Et si la beauté du site,
A camper là nous invite,
Dans les fleurs et l'herbe on tend
La tente en moins d'un instant.

Ils étaient trois garçons

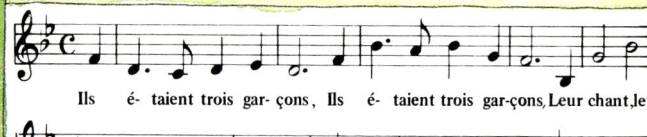

Comme la plupart des chants scouts, destinés à être entonnés en groupe, cette chanson se chante à plusieurs voix. Nous donnons ici la mélodie de base.

Ils étaient trois garçons *(bis)*
Leur chant, leur chant,
Emplit ma maison.
Leur chant, leur chant,
Emplit ma maison.

Ils étaient si joyeux *(bis)*
Que je voulus partir avec eux *(bis)*

– Amis, où allez-vous ? *(bis)*
Je suis si triste et si las de tout *(bis)*

– Ami, viens avec nous *(bis)*
Tu connaîtras des plaisirs plus doux *(bis)*

– Tu connaîtras la paix *(bis)*
Bien loin, bien loin de ce qui est laid *(bis)*

Ils étaient venus trois *(bis)*
Quatre partaient le cœur plein de joie *(bis)*

Chante et danse la Bohème

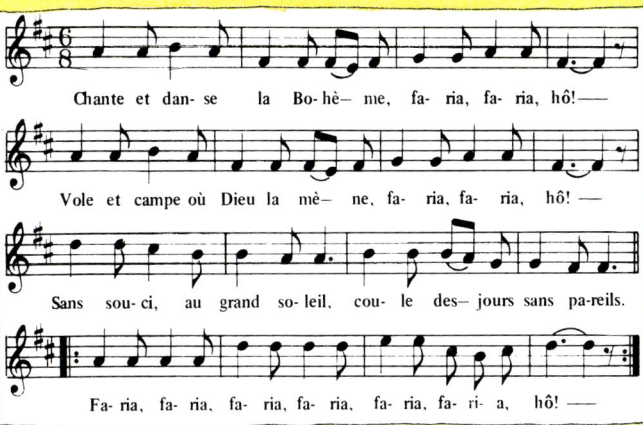

Chante et danse la Bohème, faria,
  faria, hô !
Vole et campe où Dieu la mène, faria,
  faria, hô !
Sans souci, au grand soleil, coule des
  jours sans pareils.
Faria, faria, faria, faria, faria,
  faria, hô !

Dans sa bourse rien ne pèse, faria,
  faria, hô !
Mais son cœur bat tout à l'aise, faria,
  faria, hô !
Point de compte et point d'impôt,
Rien ne trouble son repos.
Faria, faria, faria, faria, faria,
  faria, hô !

Quand la faim se fait tenace,
Dans les bois se met en chasse,
Tendre biche ou prompt chamois
Lui feront un plat de roi.

Le titre de cette chanson d'origine autrichienne ne fait pas référence à la région voisine de ce pays mais à un style de vie, « la vie de bohème ». L'expression s'inspire du mode de vie nomade de ceux que l'on appelle à tort les Bohémiens. On les a longtemps crus originaires de Bohême mais ils viennent en fait de l'Inde et sont arrivés en Europe au XIIIe siècle.

Prière des complies

A- vant d'al- ler dor- mir —— sous les é- toi- les, Doux Maître, hum- ble- ment, à ge- noux, — Tes fils t'ou- vrent leur cœur sans voi- les, Si nous a- vons pé- ché, — Par- don- ne -nous.

Le titre de ce classique du patrimoine scout rappelle la dernière prière qui achève, dans la lithurgie catholique, l'office religieux du soir. Chez les scouts, mouvement d'inspiration religieuse, c'est le dernier chant que l'on chante autour du feu avant d'aller dormir. Il fait partie de ces chansons qui ont été créées pour accompagner les différents moments de la vie du camp et fût composé par le Père Sevin, un des pionniers du mouvement scout en France.

Avant d'aller dormir sous les étoiles,
Doux Maître, humblement, à genoux,
Tes fils t'ouvrent leur cœur sans voiles,
Si nous avons péché,
Pardonne-nous.

Eloigne de ce camp le mal qui passe,
Cherchant dans la nuit son butin ;
Sans toi, de toutes ses menaces,
Qui nous protègera,
Berger divin ?

Protège aussi, Seigneur, ceux qui
   nous aiment,
Partout garde-les du péril ;
Pitié pour les méchants eux-mêmes
Et paix à tous nos morts !
Ainsi soit-il.

Entre le bœuf et l'âne gris

Entre le bœuf et l'âne gris
Dort, dort, dort le petit-fils

Refrain
Mille anges divins
Mille séraphins
Volent à l'entour
De ce grand Dieu d'amour

Entre les pastoureaux jolis
Dort, dort, dort le petit-fils

Entre les roses et les lys
Dort, dort, dort le petit-fils

Entre les deux bras de Marie
Dort, dort, dort le petit-fils.

La célébration de la fête de Noël, le 25 décembre, fut instituée en l'an 440 par le pape Jules 1er. Les Noëls, chants composés pour cette occasion, apparaissent vers le XVe siècle. Certains sont l'œuvre, de musiciens et de lettrés, d'autres, comme celui-ci, sont d'origine populaire.

La marche des Rois Mages

De bon matin, j'ai rencontré le train
De trois grands Rois qui allaient en voyage,
De bon matin, j'ai rencontré le train
De trois grands Rois dessus le grand chemin.
Venaient d'abord
Des gardes du corps,
Des gens armés avec trente petits pages,
Venaient d'abord
Des gardes du corps,
Des gens armés dessus leurs justaucorps.

Puis sur un char doré de toutes parts,
On voit trois Rois modestes comme des anges,
Puis sur un char doré de toutes parts,
Trois Rois debout parmi les étendards.
L'étoile luit
Et les Rois conduit
Par longs chemins devant une pauvre étable,
L'étoile luit
Et les Rois conduit
Par longs chemins devant l'humble réduit.

Au Fils de Dieu qui naquit en ce lieu
Ils viennent tous présenter leurs hommages,
Au Fils de Dieu qui naquit en ce lieu
Ils viennent tous présenter leurs doux vœux.
De beaux présents, or, myrrhe et encens,
Ils vont offrir au maître tant aimable,
De beaux présents, or, myrrhe et encens,
Ils vont offrir au bienheureux enfant.

Alphonse Daudet, l'auteur des Lettres de mon moulin, *reprit, en 1872, un des récits de ce livre,* L'Arlésienne *et en fit une pièce qui ne remporta aucun succès. Georges Bizet, alors chef de chant à l'Opéra-Comique, entreprit de la mettre en musique.*
Le spectacle fut un triomphe et assura, un an avant Carmen, *la renommée du compositeur.*
La marche des Rois Mages *est un des derniers morceaux de* L'Arlésienne. *Bizet l'adapta sur un air de Lully, le célèbre compositeur du siècle de Louis XIV qui fut le premier à introduire des airs de marche dans les opéras et les ballets.*

Noël nouvelet

Noël nouvelet, Noël chantons ici
Dévotes gens disons à Dieu merci
Chantons Noël pour le roi nouvelet
Noël nouvelet, Noël chantons ici.

Quand je m'éveillai et j'eus
  assez dormi
Ouvris les yeux, vis un arbre fleuri
Dont il sortait un bouton
  merveilleux
Noël nouvelet, Noël chantons ici.

D'un oiselet bientôt le chant ouï
Qui aux pasteurs disait : Partez d'ici
En Bethléem trouverez l'Agnelet
Noël nouvelet, Noël chantons ici.

En Bethléem Marie et Joseph vis
L'âne et le bœuf, l'enfant couché
  au lit
La crèche était au lieu d'un bercelet
Noël nouvelet, Noël chantons ici.

Le titre de ce chant du XVe siècle conserve une consonnance médiévale. « Noël » est une transformation du latin natalis [dies] *qui signifiait « [jour] de naissance » et « novelet » (nouvelet) évoque le petit enfant « nouveau ».*

L'étoile y vis qui la nuit éclaircit
Qui d'Orient dont elle était sortie
En Bethléem les trois Rois amenait
Noël nouvelet, Noël chantons ici.

L'un portait l'or, l'autre la myrrhe aussi
L'autre l'encens qu'il fait si bon sentir
Du paradis semblait le jardinet
Noël nouvelet, Noël chantons ici.

Les anges dans nos campagnes

Cantique de Noël dont les paroles, Gloria in excelsis Deo, *« Gloire à Dieu »,* sont aussi celles de l'hymne qui suit, dans la liturgie catholique, le Kyrie eleison, *« Seigneur, prend pitié ».*

Les anges dans nos campagnes
Ont entonné l'hymne des Cieux
Et l'écho de nos montagnes
Redit ce chant mélodieux.

Refrain
Gloria in excelsis Deo
Gloria in excelsis Deo !

Berger pour qui cette fête ?
Quel est l'objet de tous ces chants ?
Quels vainqueurs ? Quelle conquête
Mérite ces cris triomphants ?

Ils annoncent la naissance
Du libérateur d'Israël
Et pleins de reconnaissance
Chantent en ce jour solennel.

Chantons tous l'heureux village
Qui l'a vu naître sous ses toits
Offrons-lui le tendre hommage
Et de nos cœurs et de nos voix.

Dans l'humilité profonde
Où vous paraissez à nos yeux
Pour vous louer, Dieu du monde,
Nous redirons ce chant joyeux.

Déjà par la bouche de l'ange
Par les hymnes des chrétiens
Les hommes savent la louange
Qui se chante au parvis divin.

Bergers, quittez vos retraites
Unissez-vous à leurs concerts
Et que vos tendres musettes
Fassent retentir les airs.

Dociles à leurs exemples
Seigneur, nous viendrons désormais
Au milieu de votre temple
Chanter avec eux vos bienfaits.

Il est né le divin enfant

Publié pour la première fois en 1874 dans un recueil de noëls lorrains, ce chant de Noël connut un vif succès. Il est chanté sur un ancien air pour cor, La Tête Bizarde, que l'on jouait dans les chasses à courre à l'époque de Louis XV.

Refrain
Il est né le divin enfant,
Jouez hautbois, résonnez musettes,
Il est né le divin enfant,
Chantons tous son avènement.

Depuis plus de quatre mille ans,
Nous le promettaient les Prophètes,
Depuis plus de quatre mille ans,
Nous attendions cet heureux temps.

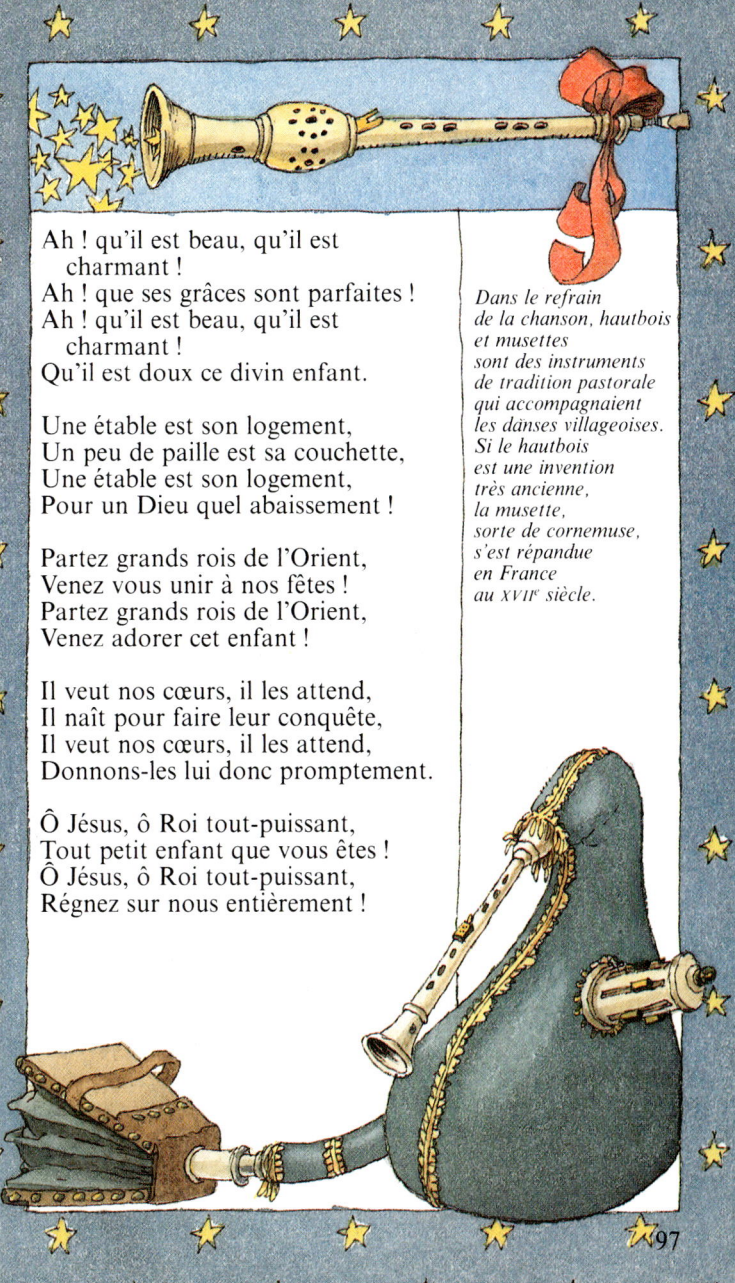

Ah ! qu'il est beau, qu'il est charmant !
Ah ! que ses grâces sont parfaites !
Ah ! qu'il est beau, qu'il est charmant !
Qu'il est doux ce divin enfant.

Une étable est son logement,
Un peu de paille est sa couchette,
Une étable est son logement,
Pour un Dieu quel abaissement !

Partez grands rois de l'Orient,
Venez vous unir à nos fêtes !
Partez grands rois de l'Orient,
Venez adorer cet enfant !

Il veut nos cœurs, il les attend,
Il naît pour faire leur conquête,
Il veut nos cœurs, il les attend,
Donnons-les lui donc promptement.

Ô Jésus, ô Roi tout-puissant,
Tout petit enfant que vous êtes !
Ô Jésus, ô Roi tout-puissant,
Régnez sur nous entièrement !

Dans le refrain de la chanson, hautbois et musettes sont des instruments de tradition pastorale qui accompagnaient les danses villageoises. Si le hautbois est une invention très ancienne, la musette, sorte de cornemuse, s'est répandue en France au XVIIe siècle.

Trois anges sont venus ce soir

Trois an- ges sont ve- nus ce soir M'appor- ter de bien bel- les cho- ses,
L'un d'eux a- vait un en- cen- soir,
L'autre a- vait un bou-quet de ro- ses, Et le troi- sième a-
De per- les d'or et
-vait en main U- ne ro- be tou- te fleu- ri- e
de jas- min Comme en a Ma- da- me Ma- ri- e
No- ël ! No- ël ! Nous ve- nons du ciel T'ap- por-
-ter ce que tu dé- si- res, Car le bon Dieu au fond
du ciel bleu Est cha- grin lors- que tu sou- pi- res.

Ce chant de Noël est l'œuvre d'Augusta Holmès (1847-1903), compositeur de symphonies dramatiques, qui partagea sa passion pour la musique de Wagner et la culture germanique avec l'écrivain Catulle Mendès, son mari.

Trois anges sont venus ce soir
M'apporter de bien belles choses,
L'un d'eux avait un encensoir,
L'autre avait un bouquet de roses,
Et le troisième avait en main
Une robe toute fleurie
De perles d'or et de jasmin
Comme en a Madame Marie.
Noël ! Noël !
Nous venons du ciel
T'apporter ce que tu désires,
Car le bon Dieu au fond du ciel bleu
Est chagrin lorsque tu soupires.

Veux-tu le bel encensoir d'or
Ou la rose éclose en couronne ?
Veux-tu la robe ou bien, encor'
Un collier où l'argent fleuronne ?
Veux-tu des fruits du paradis
Ou du blé des célestes granges ?
Ou comme les bergers jadis
Veux-tu voir Jésus dans ses langes ?
Noël ! Noël !
Retournez au ciel
Mes beaux anges, à l'instant même
Dans le ciel bleu demandez à Dieu
Le bonheur pour celui que j'aime.

Minuit, Chrétiens !

Mi- nuit, Chré- tiens! C'est l'heu- re so- len-
Pour ef- fa- cer la ta- che o- ri- gi-

-nel- le Où l'Hom- me Dieu des- cen- dit jus- qu'à nous
-nel- le

Et de son Père ar- rê- ter le cou- roux.

Le monde en- tier tres- sail- le d'es- pé- ran- ce
En cet- te nuit qui lui donne un Sau- veur.

Peuple, à ge- noux! At- tends ta dé- li- vran- ce! No-

-ël! No- ël! Voi- ci le Ré- demp- teur! No-

-ël! No- ël! Voi- ci le Ré- demp- teur!

Minuit, Chrétiens ! C'est l'heure solennelle
Où l'Homme Dieu descendit jusqu'à nous
Pour effacer la tache originelle
Et de son Père arrêter le courroux.
Le monde entier tressaille d'espérance

En cette nuit qui lui donne un Sauveur.
Peuple à genoux ! Attends ta délivrance !
Noël ! Noël ! Voici le Rédempteur ! *(bis)*

Le Rédempteur a brisé toute entrave
La terre est libre et le ciel est ouvert
Il voit un frère où n'était qu'un esclave
L'amour unit ceux qu'enchaînait le fer
Qui lui dira notre reconnaissance
C'est pour nous tous qu'il naît, qu'il souffre et qu'il meurt.
Peuple debout ! Chante ta délivrance !
Noël ! Noël ! Chantons le Rédempteur !

La musique de ce chant de Noël qui porte aussi le nom de Noël d'Adam, *est l'œuvre du compositeur Adolphe Charles Adam, connu pour avoir écrit en 1841 le ballet romantique* Gisèle. *Il composa cette mélodie sur des paroles de Placide Cappeau, négociant en vin et poète à qui le curé de la ville d'Uzès avait commandé un cantique pour la messe de minuit de l'année 1847.*

N'entends-tu pas ?
Chœur à deux voix

N'entends-tu pas, seul, quelquefois,
Le son du cor au fond des bois ?
Quand le soir dans l'espace tombe
On dirait de lointaines voix *(bis)*
L'écho léger, tel la colombe,
Sur un val apporte, en mourant,
Les souvenirs du vol sanglant.

Des cavaliers armés du cor
Sur leurs coursiers ardents et forts,
Au galop ont passé dans l'ombre
Derrière eux traînant un cerf mort *(bis)*
J'entends encore la meute sombre,
Puis le bruit se disperse et meurt,
Le bois retombe en ses terreurs.

Sous les grands pins courbant
 le front
Les eaux glissant au pied des monts
Assourdissant leur frais murmure.
Quel silence partout leur répond *(bis)*
Bientôt tout dort dans la nature,
Sur la terre plus aucun bruit,
Chacun repose, c'est la nuit.

Cette chanson de chasse se chante à deux voix. L'harmonie de la voix haute et de la voix basse rappelle le timbre du cor. Le thème du cor est très fréquent dans la littérature romantique.

Plaisir d'amour

Refrain

Plai- sir d'a- mour ne du- re qu'un mo- ment. Cha- grin d'a- mour du- re tou- te la vi- e.

FIN

J'ai tout quit- té pour l'in- gra- te Syl- vi- e, El- le me quitte et prend un autre a- mant.

Les vers qui composent Plaisir d'amour *proviennent d'un récit de Jean-Pierre Claris de Florian, écrivain français qui mourut lors de la Révolution. Ils racontent la douleur d'un chevrier abandonné par sa belle, et inspirèrent le compositeur Martini, directeur de l'orchestre à la cour de Louis XVIII. Il en fit une complainte qui devint très à la mode dans les salons.*

Plaisir d'amour ne dure
  qu'un moment,
Chagrin d'amour dure toute la vie.

J'ai tout quitté pour l'ingrate Sylvie,
Elle me quitte et prend un autre
  amant.
Plaisir d'amour ne dure
  qu'un moment,
Chagrin d'amour dure toute la vie.

Tant que cette eau coulera
  doucement
Vers ce ruisseau qui borde la prairie,
Je t'aimerai, me répétait Sylvie,
L'eau coule encor, elle a changé
  pourtant.

Plaisir d'amour ne dure
  qu'un moment,
Chagrin d'amour dure toute la vie.

File la laine

Dans la chanson de nos Pères,
Monsieur de Malbrough est mort.
Si c'était un pauvre hère
On n'en disait rien encor.
Mais la dame à sa fenêtre
Pleurant sur son triste sort,
Dans mille ans, deux mill' peut-être
Se désolera encor'.

Refrain

File la laine,
File les jours.
Garde ma peine
Et mon amour.
Livre d'images,
Des rêves lourds.
Ouvre la page
A l'éternel retour.

Hénins aux rubans de soie,
Chanson bleue des troubadours.
Regret des festins de joie
Ou fleur du joli tambour.
Dans la grande cheminée,
S'éteint le feu du bonheur,
Car la dame abandonnée
Ne retrouvera son cœur.

Croisés des grandes batailles,
Sachez vos lances manier.
Ajustez cottes de mailles,
Armures et boucliers.
Si l'ennemi vous assaille,
Gardez-vous de trépasser.
Car derrière vos murailles,
On attend sans se lasser.

D'apparence traditionnelle, cette complainte d'inspiration moyenâgeuse a été écrite en 1949. Elle a été rendue célèbre par son interprète, Jacques Douai dont le répertoire a contribué à faire revivre les chansons du passé en soulignant leur dimension poétique.

L'amour de moy

L'amour de moy s'y est enclose
Dedans un joli jardinet
Où croît la rose et le muguet
Et aussi fait la passerose.

Ce jardin est bel et plaisant
Il est garni de toutes flours
On y prend son ébattement
Autant la nuit comme le jour...

Très en vogue au XVIe siècle, cette ballade à la mélodie savante a ensuite été longtemps oubliée. Il s'agit en fait d'une chanson polyphonique dont on n'a utilisé que la voix principale. Elle rappelle les odes de Ronsard et reflète le raffinement et l'enthousiasme poétique de la Renaissance.

Le carillon de Vendôme
Canon à cinq voix

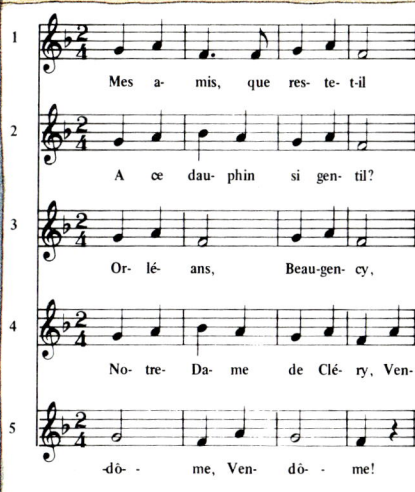

1. Mes a- mis, que res- te- t-il
2. A ce dau- phin si gen- til ?
3. Or- lé- ans, Beau- gen- cy,
4. No- tre- Da- me de Clé- ry, Ven-
5. -dô- me, Ven- dô- me !

Cet air de carillon qui sonne encore à certains clochers des villes citées dans la chanson date du XVIe siècle. Le « gentil dauphin », c'est le futur Charles VII que sa mère, Isabeau de Bavière déshérita en 1420 au profit du roi d'Angleterre.
La France était livrée aux Anglais. Défendues par les partisans du dauphin, quelques places résistèrent à l'occupation anglaise comme Orléans que Jeanne d'Arc délivra en 1429 avant de faire sacrer Charles VII roi de France à Reims.

Mes amis, que reste-t-il
A ce dauphin si gentil ?
Orléans, Beaugency,
Notre-Dame de Cléry,
Vendôme, Vendôme !

Bon voyage, Monsieur Dumollet

Refrain
Bon voyage, Monsieur Dumollet,
A Saint-Malo débarquez
   sans naufrage,
Bon voyage, Monsieur Dumollet,
Et revenez si le pays vous plaît.

Mais si vous allez voir la capitale,
Méfiez-vous des voleurs, des amis,
Des billets doux, des coups,
   de la cabale,
Des pistolets et des torticolis.

Là, vous verrez, les deux mains
   dans les poches,
Aller, venir des sages et des fous,
Des gens bien faits, des tordus,
   des bancroches,
Nul ne sera jambé si bien que vous.

Des polissons vous feront bien des niches,
A votre nez riront bien des valets,
Craignez surtout les barbets, les caniches,
Car ils voudront caresser vos mollets.

L'air de la mer peut vous être contraire,
Pour vos bas bleus, les flots sont un écueil ;
Si ce séjour venait à vous déplaire,
Revenez-nous avec bon pied bon œil.

Marc-Antoine Désaugiers, membre du cercle des chansonniers qui se réunissaient au restaurant le Rocher de Cancale, rue Montorgueil, à Paris, écrivit une comédie en un acte chantée et dansée : Le Départ pour Saint-Malo, *appelée aussi* L'intrigue de l'escalier, *qui fut représentée pour la première fois au théâtre des Variétés-Panorama, le 25 juillet 1809. La chanson :* Bon voyage, Monsieur Dumollet *en constitue le morceau final.*

Monsieur de La Palisse

Jacques de Chabannes, marquis de la Palice, s'illustra aux côtés du roi François 1er lors de la bataille de Pavie (1525). Et il y fut tué par les Espagnols. Sa vaillance et sa prestance inspirèrent les paroles de la chanson qu'on écrivit à sa mort :
Hélas, s'il n'était pas mort
Il ferait encore envie.
Deux erreurs magistrales modifièrent le destin de la chanson et portèrent définitivement atteinte

Messieurs vous plaît-il d'ouïr
L'air du fameux La Palisse
Il pourra vous réjouir
Pourvu qu'il vous divertisse.
La Palisse eut peu de bien
Pour soutenir sa naissance
Mais il ne manqua de rien
Dès qu'il fut dans l'abondance.

Bien instruit dès le berceau,
Jamais tant il fut honnête,
Il ne mettait son chapeau
Qu'il ne se couvrît la tête.
Il était affable et doux
De l'humeur de feu son père
Et n'entrait guère en courroux
Si ce n'est dans la colère.

> J'étois en vie devant que d'être mort
> J'étois mort devant que d'être dans Pavie.
> Vie n'est pas mort
> Mort, c'est Pavie

Ses valets étaient soigneux
De le servir d'andouillettes
Et n'oubliaient pas les œufs
Surtout dans les omelettes.
De l'inventeur du raisin
Il révérait la mémoire
Et pour bien goûter le vin
Jugeait qu'il fallait en boire.

Il voyageait volontiers
Courant par tout le royaume
Quand il était à Poitiers
Il n'était pas à Vendôme.
Il se plaisait en bateau
Et soit en paix soit en guerre,
Il allait toujours par eau
A moins qu'il n'allât par terre.

Dans un superbe tournoi
Prêt à fournir sa carrière,
Il parut devant le roi
Il n'était donc pas derrière.
Monté sur un cheval noir
Les dames le reconnurent
Et c'est là qu'il se fit voir
A tous ceux qui l'aperçurent.

Il fut par un triste sort
Blessé d'une main cruelle
On croit puisqu'il en est mort
Que la plaie était mortelle.
Regretté de ses soldats
Il mourut digne d'envie
Et le jour de son trépas
Fut le dernier de sa vie.

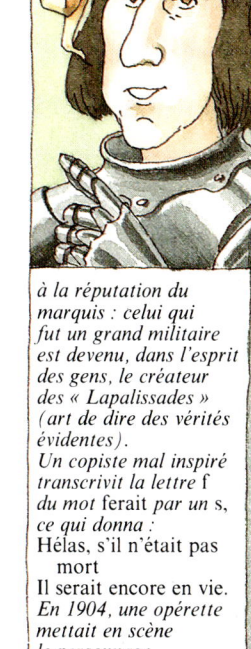

à la réputation du marquis : celui qui fut un grand militaire est devenu, dans l'esprit des gens, le créateur des « Lapalissades » (art de dire des vérités évidentes).
Un copiste mal inspiré transcrivit la lettre f du mot ferait par un s, ce qui donna :
Hélas, s'il n'était pas mort
Il serait encore en vie.
En 1904, une opérette mettait en scène le personnage désormais célèbre.

Et c'est en ra-mas-sant la pelle
Qu'il ren-ver-sa tout's les chandelles
Met-tant le feu à tout l'châ-teau
Qui s'con-su-ma de bas en haut
Le vent souf-flant sur l'in-cen-die
Se pro-pa-gea sur l'é-cu-rie
Et c'est ain-si qu'en un mo-ment On vit pé-rir vo-tre ju-ment !

Allo allo James ! quelles nouvelles ?
Absente depuis quinze jours,
Au bout du fil je vous appelle ;
Que trouverai-je à mon retour ?

Refrain
Tout va très bien Madame la Marquise,
Tout va très bien, tout va très bien,
Pourtant il faut, il faut que l'on vous dise,
On déplore un tout petit rien,
Un incident, une bêtise,
La mort de votre jument grise,
Mais à part ça, Madame la Marquise,
Tout va très bien, tout va très bien.

Allo allo James ! quelle nouvelle !
Ma jument gris' morte aujourd'hui !
Expliquez-moi, valet fidèle,
Comment cela s'est-il produit ?

et son orchestre qui inaugurèrent un nouveau genre de spectacle, celui de la chanson « sketch » dans laquelle tous les musiciens jouent un rôle, renvoient la réplique... Dans ces années lourdes de menaces qui précédèrent la Deuxième Guerre mondiale, cette chanson met en évidence l'insouciance artificielle qui caractérise souvent les années de crise.

Refrain
Cela n'est rien, Madame la Marquise,
Cela n'est rien, tout va très bien,
Pourtant il faut, il faut que l'on vous dise,
On déplore un tout petit rien.
Elle a péri dans l'incendie
Qui détruisit vos écuries
Mais à part ça, Madame la Marquise
Tout va très bien, tout va très bien.

Allo allo James ! quelle nouvelle !
Mes écuries ont donc brûlé ?
Expliquez-moi valet modèle,
Comment cela s'est-il passé ?

Refrain
Cela n'est rien, Madame la Marquise,
Cela n'est rien, tout va très bien,
Pourtant il faut, il faut que l'on vous dise,
On déplore un tout petit rien.
Si l'écurie brûla, Madame,
C'est qu'le château était en flammes.
Mais à part ça...

Allo allo James ! quelle nouvelle !
Notre château est donc détruit ?
Expliquez-moi car je chancelle
Comment cela s'est-il produit ?

Dernier refrain
Et bien voilà ! Madame la Marquise,
Apprenant qu'il était ruiné,
A peine fut-il rev'nu de sa surprise
Qu'Monsieur l'Marquis s'est suicidé.
Et c'est en ramassant la pelle
Qu'il renversa tout's les chandelles
Mettant le feu à tout l'château
Qui s'consuma de bas en haut
Le vent soufflant sur l'incendie
Se propagea sur l'écurie
Et c'est ainsi qu'en un moment
On vit périr votre jument !
Mais à part ça...

La boulangère a des écus

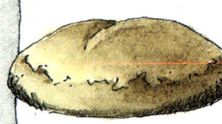

Au début du
XVIIIe siècle,
un certain Gallet,
épicier de son état
mais plus enclin
à faire des rimes
que du commerce,
écrivit une chanson
grivoise mettant
en scène une boulangère.
Il reprenait là
un thème connu,
mais l'adapta
sur le rythme
d'une contredanse, -
air qui accompagnait
les rondes et
les quadrilles.

La boulangère a des écus *(bis)*
Qui ne lui coûtent guère.
Elle en a, je les ai vus,
J'ai vu la boulangère
Aux écus,
J'ai vu la boulangère.

– D'où viennent tous ces écus *(bis)*
Charmante boulangère ?
– Ils me viennent d'un gros Crésus
Dont je fais bien l'affaire,
Vois-tu,
Dont je fais bien l'affaire.

A mon four aussi sont venus *(bis)*
De galants militaires.
Mais je préfère les Crésus
A tous les gens de guerre,
Vois-tu,
A tous les gens de guerre.

Des petits-maîtres sont venus *(bis)*
En me disant : « Ma chère,
Vous êtes plus belle que Vénus. »
Je n'les écoutais guère,
Vois-tu,
Je n'les écoutais guère.

Des abbés coquets sont venus *(bis)*
Ils m'offraient pour me plaire
Des fleurettes au lieu d'écus.
Je les envoyais faire,
Vois-tu,
Je les envoyais faire.

– Moi, je ne suis pas un Crésus *(bis)*
Abbé ni militaire.
Mais mes talents sont bien connus,
Boulanger de Cythère,
Vois-tu,
Boulanger de Cythère.

Je pétrirai le jour venu *(bis)*
Notre pâte légère.
Et la nuit, au four assidu,
J'enfournerai, ma chère,
Vois-tu,
J'enfournerai, ma chère.

– Eh bien ! épouse ma vertu, *(bis)*
Travaill' de bonn' manière.
Et tu ne seras pas déçu
Avec la boulangère
Aux écus !
Avec la boulangère.

On a surtout retenu le premier couplet de la chanson qui s'est peu à peu transformée en une innocente ronde enfantine. En 1875, Offenbach s'en inspira pour écrire un opéra bouffe : La Boulangère a des écus.

Le roi d'Yvetot

Béranger, le célèbre poète et chansonnier du XIXe siècle, dont Chateaubriand dira : « Ainsi que La Fontaine dans la fable, Béranger, dans la chanson, s'élève au plus haut

Il était un roi d'Yvetot
Peu connu dans l'histoire,
Se levant tard, se couchant tôt
Dormant fort bien sans gloire,
Et couronné par Jeanneton
D'un simple bonnet de coton,
Dit-on.

Refrain
Oh ! oh ! oh ! oh ! Ah ! ah ! ah ! ah !
Quel bon petit roi c'était là,
La, la.

Il faisait ses quatre repas
Dans son palais de chaume,
Et sur un âne pas à pas
Parcourait son royaume.
Joyeux, simple et croyant le bien,
Pour toute garde il n'avait rien
Qu'un chien.

Il n'avait de goût onéreux
Qu'une soif un peu vive
Mais en rendant son peuple heureux,
Il faut bien qu'un roi vive.
Lui même à table et sans suppôt
Sur chaque muid[1] levait un pot
D'impôt.

Il n'agrandit point ses états
Fut un voisin commode
Et, modèle des potentats,
Prit le plaisir pour code.
Ce n'est que lorsqu'il expira
Que le peuple qui l'enterra
Pleura.

1. Ancienne mesure de capacité pour les liquides, le grain, le sel, etc.

style. », n'était pas connu lorsqu'il écrivit Le Roi d'Yvetot *en 1813.*
Mais tout Paris reprit aussitôt les couplets de cet auteur dont les pamphlets et les satires allaient lui valoir la célébrité et parfois aussi la prison. Ces strophes mordantes prenaient pour cible Napoléon qui venait d'essuyer défaites sur défaites en Russie. Si le vrai roi d'Yvetot fut « peu connu dans l'histoire », il existe un royaume de ce nom au VIe siècle. C'est à un cabaret parisien que, par dérision, Béranger emprunta le titre de sa chanson. Quant à la mélodie, le compositeur Pantillonil la reprit du Bastien et Bastienne *de Mozart, parodie des amours de Colin et Colette de l'opéra, de Jean-Jacques Rousseau,* Le Devin de village.

Vive Henri IV !

Vive Hen- ri Qua- tre! Vi- ve ce roi vail- lant !

Vive Hen- ri qua- tre! Vi- ve ce roi vail- lant !

Ce diable à qua- tre A le tri- ple ta-

-lent De boire et de battre Et d'ê- tre un vert ga- lant !

Composée en l'honneur du plus populaire des rois de France sur un air du XVIe siècle, cette chanson d'origine incertaine devint le chant de ralliement des ultra-royalistes pour qui Henri IV représentait le monarque idéal.

Vive Henri Quatre !
Vive ce roi vaillant ! (bis)
Ce diable à quatre
A le triple talent
De boire et de battre
Et d'être un vert galant !

Au diable guerre,
Rancunes et partis. (bis)
Comme nos pères,
Chantons en vrais amis
Au choc des verres,
Les roses et les lys.

Chantons l'antienne
Qu'on chant'ra dans mille ans.
Que Dieu maintienne
En paix ses descendants,
Jusqu'à ce qu'on prenne
La lune avec les dents.

Vive la France !
Vive le roi Henri !
Qu'à Reims on danse
En disant comm' Paris
Vive la France !
Vive le roi Henri !

A Lauterbach

C'est à Lauterbach, où l'on danse sans cesse, Qu'il faut le dimanche nous voir La valse nous pousse, la flûte nous presse, Voyez passer les rubans noirs.

Refrain

La la la la la la La la la la la la.

Lauterbach est un petit bourg d'Alsace au bord de la rivière Lauter qui fait la frontière avec l'Allemagne. Sur cet air très enlevé, comme la plupart des airs alsaciens, on peut danser la valse.

C'est à Lauterbach, où l'on danse sans cesse,
Qu'il faut le dimanche nous voir
La valse nous pousse, la flûte nous presse,
Voyez passer les rubans noirs.

Refrain
La la la la la la
La la la la la la

C'est à Lauterbach, où l'on danse
   sans cesse,
Que mon fin soulier s'est perdu
Allons, savetier, puisqu'il faut
   que je rentre,
Bien vite qu'il me soit rendu.

C'est à Lauterbach, où l'on danse
   sans cesse,
Que j'ai perdu mon jeune cœur
J'y veux retourner, mais en
   bell' mariée,
Je montrerai qui a mon cœur.

Mignonne quand la lune éclaire la plaine,
Aux bruits mélodieux ;
Lorsque l'étoile du mystère
Revient sourire aux amoureux ;
As-tu parfois sur la colline
Parmi les souffles caressants
Entendu la chanson divine
Que chantent les blés frémissants ?

Refrain
Mignonne, quand le soir descendra sur la terre,
Et que le rossignol viendra chanter encor,
Quand le vent soufflera sur la vaste bruyère,
Nous irons écouter la chanson des blés d'or! *(bis)*

As-tu parfois sous la ramure
A l'heure où chantent les épis ;
Ecouté leur joyeux murmure
Au bord des vallons assoupis ?
Connais-tu cette voix profonde
Qui revient, au déclin du jour,
Chanter parmi la moisson blonde
Des refrains palpitants d'amour ?

Mignonne, allons à la nuit close
Rêver aux chansons du printemps ;
Pendant que des parfums de rose
Viendront embaumer nos vingt ans !
Aimons sous les rameaux superbes
Car la nature aura toujours
Du soleil pour dorer les gerbes
Et des roses pour nos amours !

Au XIXe siècle, la chanson folklorique commença à disparaître, remplacée par un genre nouveau qui se développa dans les villes et surtout à Paris, la chanson d'auteur. Complaintes, chansons satiriques, romances, étaient interprétées par les chansonniers eux-mêmes (Béranger, Bruant) ou par des chanteurs professionnels. La Chanson des blés d'or est un exemple de romance composée pour mettre en valeur la voix de son interprète.

La lune était reine,
Quand sur le boulevard,
Je vis poindre Sosthène
Qui me dit : – Cher Oscar
D'où viens-tu ; vieille branche ?
Moi, je lui répondis :
– C'est aujourd'hui dimanche
Et c'est demain lundi.

Refrain
Je cherche fortune,
Autour du *Chat Noir*,
Au clair de la lune,
A Montmartre !
Je cherche fortune,
Autour du *Chat Noir*,
Au clair de la lune,
A Montmartre, le soir.

La lune était moins claire,
Lorsque je rencontrai
Mademoiselle Claire
A qui je murmurai :
– Comment vas-tu, la belle ?
– Et vous ? – Très bien, merci.
– A propos, me dit-elle,
Que cherchez-vous, ici ?

C'est avec cette chanson qu'Aristide Bruant commença sa carrière de chansonnier vers 1875. Cela se passait au Chat Noir, *à Montmartre, haut lieu de la chanson parisienne jusqu'à la fin du XIXe siècle. Sa silhouette théâtrale : chapeau à larges bords, grande cape noire, écharpe rouge, est restée dans les mémoires, à travers les affiches de Toulouse-Lautrec. Ses chansons qui puisaient leur verve dans le parler imagé des faubourgs (*A Ménilmontant, A la Villette, Nini Peau d'chien...*) et qui ne manquaient pas d'allusions cinglantes à l'encontre du bourgeois respectable ont contribué à faire de lui le précurseur de la chanson réaliste.
On connaît, sous le titre* Je cherche fortune, *une autre version appartenant au folklore étudiant qui reprend le refrain de Bruant et qui commence ainsi :
«* Chez l'boulanger, Fais-moi crédit, J'ai pas d'argent, J'paierai samedi »...

La lune était plus sombre,
En haut les chats braillaient,
Quand j'aperçus, dans l'ombre,
Deux grands yeux qui brillaient.
Une voix de rogomme
Me cria : – Nom d'un chien !
Je vous y prends, jeune homme,
Que faites-vous ? – Moi ? rien !

La lune était obscure,
Quand on me transborda
Dans une préfecture,
Où l'on me demanda :
– Etes-vous journaliste,
Peintre, sculpteur, rentier,
Poête ou pianiste ?...
Quel est votre métier ?

Le galérien

Je m'sou-viens ma mèr' m'ai-mait Et je suis aux ga-lè-res Je m'sou-viens ma mèr' di-sait Mais je n'ai pas cru ma mè-re Ne traîn' pas dans les ruis-seaux T'bats pas comme un sau-va-ge T'a-mus' pas comm les oi-seaux Ell' me di-sait d'ê-tre sa-ge. Ho di ho di ho di ho Ho o o Ho Ho Ho di ho di ho di ho Ho o o o o o.

Je m'souviens ma mèr' m'aimait
Et je suis aux galères
Je m'souviens ma mèr' disait
Mais je n'ai pas cru ma mère
Ne traîn' pas dans les ruisseaux
T'bats pas comme un sauvage
T'amus' pas comm' les oiseaux
Ell' me disait d'être sage.
Ho di ho di ho di ho *(bis)*
Ho Ho Ho

J'ai pas tué, j'ai pas volé
J'voulais courir la chance
J'ai pas tué, j'ai pas volé
J'voulais qu'chaqu' jour soit dimanche
Je m'souviens ma mèr' pleurait
Dès qu'je passais la porte
Je m'souviens comme ell' pleurait
Ell' voulait pas que je sorte

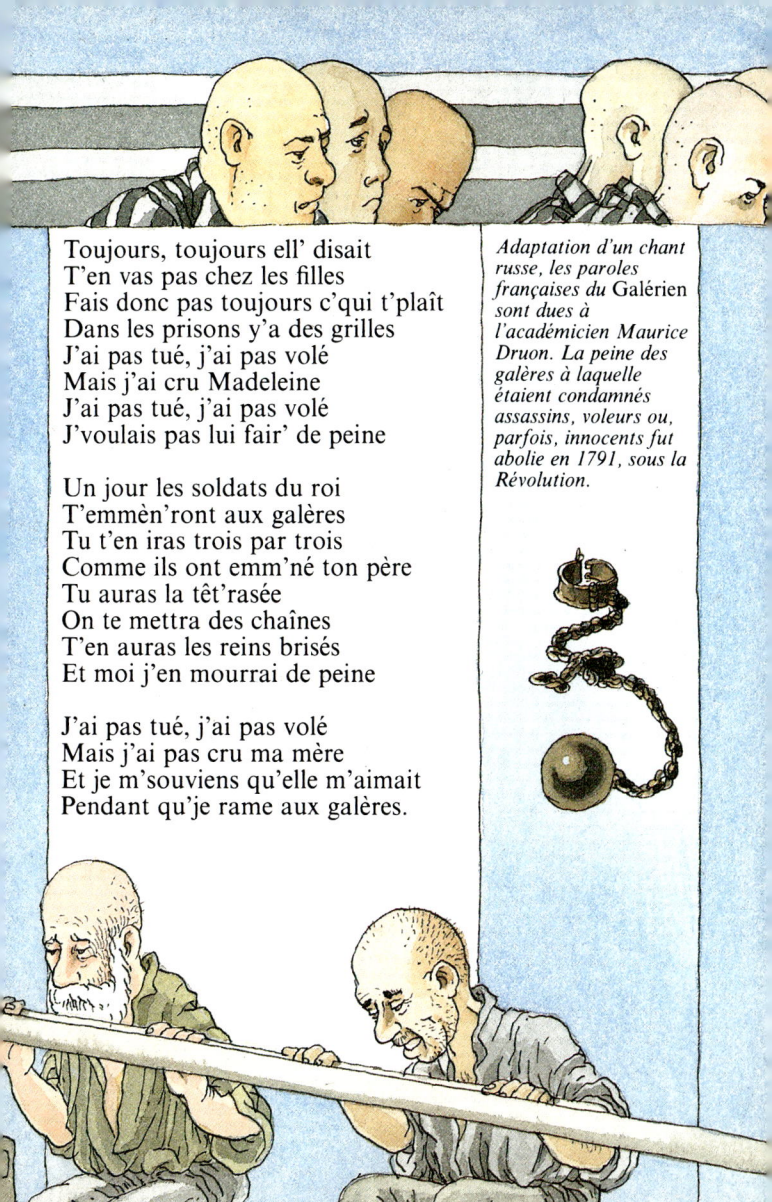

Toujours, toujours ell' disait
T'en vas pas chez les filles
Fais donc pas toujours c'qui t'plaît
Dans les prisons y'a des grilles
J'ai pas tué, j'ai pas volé
Mais j'ai cru Madeleine
J'ai pas tué, j'ai pas volé
J'voulais pas lui fair' de peine

Un jour les soldats du roi
T'emmèn'ront aux galères
Tu t'en iras trois par trois
Comme ils ont emm'né ton père
Tu auras la têt'rasée
On te mettra des chaînes
T'en auras les reins brisés
Et moi j'en mourrai de peine

J'ai pas tué, j'ai pas volé
Mais j'ai pas cru ma mère
Et je m'souviens qu'elle m'aimait
Pendant qu'je rame aux galères.

Adaptation d'un chant russe, les paroles françaises du Galérien *sont dues à l'académicien Maurice Druon. La peine des galères à laquelle étaient condamnés assassins, voleurs ou, parfois, innocents fut abolie en 1791, sous la Révolution.*

Giroflé, Girofla

Que tu as la maison douce
Giroflé, Girofla,
L'herbe y croît, les fleurs y poussent
Le printemps est là,
Dans la nuit qui devient rousse
Giroflé, Girofla,
Le feu la brûl'ra *(bis)*

Que tu as de beaux champs d'orge
Giroflé, Girofla,
Ton grenier de fruits regorge
L'abondance est là,
Entends-tu souffler la forge
Giroflé, Girofla ?
L'canon les fauch'ra *(bis)*

Que tu as de belles filles
Giroflé, Girofla,
Dans leurs yeux où la joie brille
L'amour descendra,
Dans la plaine on se fusille
Giroflé, Girofla,
L'soldat les viol'ra *(bis)*

Que tes fils sont forts et tendres
Giroflé, Girofla,
Ça fait plaisir d'les entendre
À qui chantera,
Dans huit jours on va t'les prendre
Giroflé, Girofla,
L'corbeau les mang'ra *(bis)*

Tant qu'y aura des militaires
Soit ton fils, soit le mien,
Il n'pourra y avoir sur terre
Pas grand'chose de bien,
On t'tuera pour te faire taire
Par-derrière comme un chien
Et tout ça pour rien *(bis)*

Ces couplets sont une adaptation d'une ancienne ronde mimée qui racontait les aventures d'une bergère et d'un prince. En 1874, le compositeur Charles Lecocq s'en inspira pour écrire une de ses opérettes mettant en scène les deux filles d'un noble espagnol, Giroflé et Girofla.
Cette version, qui garde du thème d'origine la fraîcheur pastorale pour faire ressortir l'horreur de la guerre, s'inscrit dans la tradition des chansons antimilitaristes du XIXe siècle. Elle a été rendue populaire par l'interprétation d'Yves Montand.

J'avions reçu commandement

J'avions reçu commandement de partir pour la guerre,
Je ne me soucions point pourtant d'abandonner not' mère,
Pourtant, l'a ben fallu,
J'ai pris mon sac et j'suis venu. *(bis)*

Ils m'ont donné un grand fusil, un sac, une gibecière,
Une grande capote, un grand tapis pendant jusqu'au derrière,
Et fallait s'tenir dret, *(bis)*
Aussi dret qu'un pi, qu'un piquet.

En 1798, la loi Jourdan institue la conscription militaire obligatoire. Dans la période d'instabilité et de guerre de l'après Révolution, cette loi visait à mettre fin à la désorganisation de l'armée dont une grande partie des soldats désertaient les

Y'en avait sur leurs chevaux qui faisaient bien deux mètres,
Avec deux ou trois plumes d'zoziaux plantées dessus leur tête,
Et des poils d'artillon,
Tout alentour de leurs talons. *(bis)*

Ils m'ont placé en faction devant une citadelle,
Ceux qui n'connaissions point mon nom m'appelions « sentinelle »,
A chaque chat qui passait
Fallait crier : « Cou'qu'chi, cou'qu'ch'est ? » *(bis)*

Ils m'ont mené dans un grand champ qu'appelions champ d'bataille,
On s'étripait, on s'épiaulait, c'était pis qu'd'la volaille,
Ma foi la peur m'a pris
J'ai pris mon sac et j'suis parti
Ma foi la peur m'a pris
J'ai pris mon sac et me voici.

rangs. En 1795, un témoin raconte : « J'ai vu en parcourant plusieurs départements de la République des troupes de déserteurs voyageant aussi tranquillement que moi sur la route sans que personne se crût en devoir de les arrêter. » Plus tard, lors des guerres napoléoniennes, la misère des soldats était telle que, malgré les peines encourues (fusillade ou 10 ans de bagne), le nombre des déserteurs s'accrut à nouveau.

Je me suis t'engagé

Cette complainte rappelle le thème de la précédente chanson : la dure condition du soldat, engagé volontaire ou non. A partir de 1818, les conscrits furent recrutés par tirage au sort. Ceux qui tiraient le mauvais numéro (pair ou impair) pouvaient, s'ils étaient assez riches, payer des remplaçants qui effectuaient à leur place les sept ans de service requis. Cette pratique très impopulaire qui persista jusqu'en 1872, encouragea bien souvent la désertion.

Je me suis t'engagé
Pour l'amour d'une belle
C'est pas pour l'anneau d'or
Qu'à d'autres elle a donné
Mais c'est pour un baiser
Qu'elle m'a refusé.

Je me suis t'engagé
Dans l'régiment de France
Là où que j'ai logé
On m'y a conseillé
De prendre mon congé
Par-dessous mon soulier.

Dans mon chemin faisant
Je trouve mon capitaine
Mon capitaine me dit :
– Où vas-tu, Sans-Souci ?
– Je vas dans ce vallon
Rejoindre mon bataillon.

– Soldat, t'as déserté
Pour l'amour de ta belle
Est-ce pour l'anneau d'or
Qu'au doigt je porte encor
Ou bien pour le baiser
Qu'elle t'a refusé ?

Auprès de ce vallon
Coule claire fontaine
J'ai mis mon habit bas
Mon sabre au bout d'mon bras
Et je m'suis battu là
Comme un vaillant soldat.

Au premier coup tiré
J'ai tué mon capitaine
Mon capitaine est mort
Et moi je vis encor
Mais dans quarante jours
Ce sera à mon tour.

Le petit Grégoire

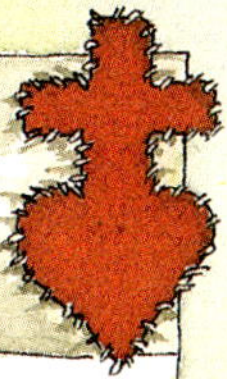

La maman du petit homme
Lui dit un matin :
– A seize ans t'es haut tout comme
Notre huche à pain !
A la ville tu peux faire
Un bon apprenti !
Mais pour travailler la terre
T'es ben trop petit, mon ami !
T'es ben trop petit, Dame oui !

C'est à Théodore Botrel que l'on doit cette autre évocation des guerres de Vendée. Elle fut écrite à la gloire des Chouans, paysans du sud de la Bretagne, ainsi nommés, car un de leurs chefs, Jean Cottereau (surnommé

Jean Chouan) ralliait ses hommes au cri du chat-huant. Le petit Grégoire est le symbole de la misère paysanne qui s'arma pour défendre « Dieu et le Roi » contre les valeurs républicaines. On peut comparer cette figure à celle du jeune Bara qui périt à 14 ans dans le camp adverse et que la République éleva au rang de « Martyr de la Liberté ».

Vit un maître d'équipage
Qui lui rit au nez
En lui disant : – Point n'engage
Les tout nouveau-nés !
Tu n'as pas laide frimousse
Mais t'es mal bâti...
Pour faire un tout petit mousse
T'es 'cor trop petit, mon ami !
T'es 'cor trop petit, Dame oui !

Dans son palais de Versailles
Fut trouver le Roi :
– Je suis gars de Cornouailles,
Sire, équipez-moi !
Mais le bon Roi Louis Seize
En riant lui dit :
– Pour être « garde française »
T'es ben trop petit, mon ami !
T'es ben trop petit, Dame oui !

La guerre éclate en Bretagne
Au printemps suivant
Et Grégoire entre en campagne
Avec Jean Chouan...
Les balles passaient nombreuses
Au-dessus de lui
En sifflotant, dédaigneuses :
– Il est trop petit, ce joli !
Il est trop petit, Dame oui !

Cependant une le frappe
Entre les deux yeux...
Par le trou l'âme s'échappe :
Grégoire est aux Cieux !
Là, saint Pierre qu'il dérange
Lui dit : – Hors d'ici !
Il nous faut un grand Archange
T'es ben trop petit, mon ami !
T'es ben trop petit, Dame oui !

Mais, en apprenant la chose
Jésus se fâcha,
Entr'ouvrit son manteau rose
Pour qu'il s'y cachât,
Fit entrer ainsi Grégoire
Dans son Paradis
En disant : – Mon Ciel de gloire
En vérité, je le dis,
Est pour les Petits, Dame oui !

Le mouchoir rouge de Cholet

L'auteur de cette chanson, Théodore Botrel est surtout connu pour avoir écrit La Paimpolaise. Breton et royaliste convaincu, il publia à la fin du siècle dernier un recueil de chansons inspirées par les guerres de Vendée. Il évoque ici la mort d'un des chefs

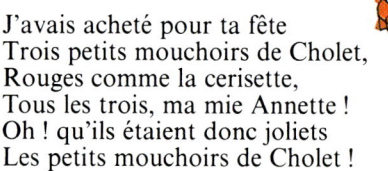

J'avais acheté pour ta fête
Trois petits mouchoirs de Cholet,
Rouges comme la cerisette,
Tous les trois, ma mie Annette !
Oh ! qu'ils étaient donc joliets
Les petits mouchoirs de Cholet !

Ils étaient là, dans ma poquette
Dans mon vieux mouchoir blanc, si laid !
Et, chaque nuit, la guerre faite
Dans les bois, ma mie Annette !
En rêvant de toi, je rêvais
Aux petits mouchoirs de Cholet !

Les a vus Monsieur de Charette
Les voulut, je les lui donnai,
Il en mit un dessus sa tête,
Le plus beau, ma mie Annette !
C'était le plus fier des plumets
Le petit mouchoir de Cholet !

Fit de l'autre une cordelette
Pour pendre son sabre au poignet,
Fit du troisième une bouclette
Sur son cœur, ma mie Annette !
Et tout le jour, les Bleus visaient
Le petit mouchoir de Cholet !

Ont visé le cœur de Charette
Ont troué celui qui t'aimait,
Et je vas mourir, ma pauvrette,
Pour mon Roy, ma mie Annette !
Et tu ne recevras jamais
Tes petits mouchoirs de Cholet !

Mais qu'est-ce là, dans ma poquette ?
C'est mon vieux mouchoir blanc,
   si laid !
Je te le donne pour ta fête
Plein de sang, ma mie Annette !
Il est si rouge qu'on dirait
Un mouchoir rouge de Cholet !

de l'insurrection vendéenne de 1793. Face à l'uniforme bleu de l'armée républicaine, l'emblème des paysans insurgés était le drapeau blanc de la royauté, le Sacré Cœur, cousu sur leurs vêtements et le mouchoir rouge qu'ils portaient noué autour de la tête sous le chapeau de feutre. Ces mouchoirs étaient fabriqués à Cholet, ville de l'Ouest qui fut le théâtre de combats sanglants.

Le chant des Girondins

Pendant la Révolution française, les Girondins étaient les partisans d'une république de notables et d'un gouvernement énergique. Ils s'opposaient aux Montagnards qui

Par la voix du canon d'alarme
La France appelle ses enfants ;
Allons, dit le soldat, aux Armes !
C'est ma Mère, je la défends.

Refrain
Mourir pour la patrie,
C'est le sort le plus beau,
Le plus digne d'envie !

Nous, amis, qui loin des batailles
Succombons dans l'obscurité,
Vouons du moins nos funérailles
A la France, à la liberté.

Frères, pour une cause sainte,
Quand chacun de nous est martyr,
Ne proférons pas une plainte,
La France, un jour, doit nous bénir.

Du Créateur de la nature,
Bénissons encor la bonté,
Nous plaindre serait une injure :
Nous mourons pour la liberté.

siégeaient à la Convention sur les plus hauts gradins mais qui étaient plus proches du peuple.
En 1847, sous la deuxième République, le compositeur Alphonse Varney crée une opérette, Le Chevalier de Maison-Rouge *à partir d'un roman d'Alexandre Dumas. Le Chant des Girondins est un épisode célèbre du spectacle. Ses paroles rappellent, à la veille de la chute de Louis-Philippe, l'élan patriotique de 1792. Il fut adopté comme chant révolutionnaire lors de la proclamation de la troisième République.*

Le Régiment de Sambre et Meuse

Tous ces fiers enfants de la Gaule Allaient sans trêve et sans repos, Avec leurs fusils sur l'épaule, Courage au cœur et sac au dos! La gloire était leur nourriture, Ils étaient sans pain, sans souliers, La nuit ils couchaient sur la dure Avec leurs sacs pour oreillers.—

Refrain:
Le régiment de Sambre et Meuse
Marchait toujours au cri de Liberté,
Cherchant la route glorieuse
Qui l'a conduit à l'immortalité!

Dernier Refrain:
Le régiment de Sambre et Meuse
Reçut la mort au cri de Liberté,
Mais son histoire glorieuse
Lui donne droit à l'immortalité!

Tous ces fiers enfants de la Gaule
Allaient sans trêve et sans repos,
Avec leurs fusils sur l'épaule,
Courage au cœur et sac au dos !
La gloire était leur nourriture,
Ils étaient sans pain, sans souliers,
La nuit ils couchaient sur la dure
Avec leurs sacs pour oreillers.

Refrain
Le régiment de Sambre et Meuse
Marchait toujours au cri de Liberté,
Cherchant la route glorieuse
Qui l'a conduit à l'immortalité !

Cette marche militaire a été écrite, en 1879 par Robert Planquette, l'auteur de l'opérette Les Cloches de Corneville.
Elle fait référence à l'époque où l'armée républicaine,

sous la Révolution, occupait la Belgique. Le régiment dont il est question ne s'est pas illustré plus qu'un autre mais la chanson a été écrite dans le but de faire revivre un passé glorieux quelques années après la défaite française à Sedan contre la Prusse. Composés au début d'une IIIe République qui cherchait à s'affirmer, les couplets présentent une image idéalisée du soldat républicain. Expression du patriotisme, ils évoquent aussi de

manière détournée l'humiliation ressentie après la perte de l'Alsace et de la Lorraine.

Pour nous battre ils étaient cent mille.
A leur tête, ils avaient des rois !
Le général, vieillard débile,
Faiblit pour la première fois.
Voyant certaine la défaite,
Il réunit tous ses soldats,
Puis il fit battre la retraite,
Mais eux, ne l'écoutèrent pas !

Le choc fut semblable à la foudre,
Ce fut un combat de géants,
Ivres de gloire, ivres de poudre,
Pour mourir ils serraient les rangs !
Le régiment par la mitraille
Etait assailli de partout ;
Pourtant la vivante muraille,
Impassible, restait debout.

Le nombre eut raison du courage,
Un soldat restait - le dernier !
Il se défendit avec rage,
Mais bientôt fut fait prisonnier.
En voyant ce héros farouche
L'ennemi pleura sur son sort ;
Le héros prit une cartouche,
Jura - puis se donna la mort !

Dernier refrain
Le régiment de Sambre et Meuse
Reçut la mort au cri de Liberté,
Mais son son histoire glorieuse
Lui donne droit à l'immortalité !

La Madelon

Pour le repos, le plaisir du militaire, Il est là-bas à deux pas de la forêt, Une maison aux murs tout couverts de lierre. «Aux Tour-lou-roux» c'est le nom du cabaret. La servante est jeune et gentille, Légère comme un papillon, Comme son vin, son œil pétille. Nous l'appelons la Madelon. Nous en rêvons la nuit, Nous y pensons le jour. Ce n'est que Madelon, mais pour nous c'est l'amour

Refrain

Quand Madelon vient nous servir à boire, Sous la tonnelle on frôle son jupon. Et chacun lui
La Madelon pour nous n'est pas sévère, Quand on lui prend la taille ou le menton. Elle rit c'est

AUX TOU[RLOUROUX]

ra-conte une his-toi — re. Une his-toire à sa fa-çon.
tout l'mal qu'elle sait fai — re.

Ma- de- lon ! Ma- de- lon ! Ma- de- lon !

Née à la veille de la Grande Guerre, La Madelon est aujourd'hui encore, avec Le Régiment de Sambre et Meuse, de tous les défilés militaires. Créée pour distraire les soldats, elle est surtout révélatrice de l'esprit qui régnait « à l'arrière » en 1914 pendant que l'on se battait au front ; et elle a contribué à renforcer l'image populaire du militaire en permission.

Pour le repos, le plaisir du militaire,
Il est là-bas à deux pas de la forêt,
Une maison aux murs tout couverts de lierre.
« Aux Tourlouroux[1] », c'est le nom du cabaret.
La servante est gentille,
Légère comme un papillon,
Comme son vin, son œil pétille.
Nous l'appelons La Madelon.
Nous en rêvons la nuit, nous y pensons le jour.
Ce n'est que Madelon, mais pour nous c'est l'amour.

Refrain
Quand Madelon vient nous servir à boire,
Sous la tonnelle on frôle son jupon.
Et chacun lui raconte une histoire,
Une histoire à sa façon.
La Madelon pour nous n'est pas sévère,
Quand on lui prend la taille ou le menton,
Elle rit c'est tout le mal qu'elle sait faire.
Madelon ! Madelon ! Madelon !

1. Surnom d'origine antillaise : « bidasse ».

LOUROUX

Nous avons tous au pays une payse
Qui nous attend et que l'on épousera,
Mais elle est loin, bien trop loin pour qu'on lui dise
Ce qu'on fera quand la classe rentrera.
En comptant les jours on soupire,
Et quand le temps nous semble long,
Tout ce qu'on ne peut pas lui dire
On va le dire à Madelon.
On l'embrass' dans les coins. Ell' dit :
— Veux-tu finir...
On s' figur' que c'est l'autr', ça nous fait bien plaisir.

Un caporal en képi de fantaisie
S'en fut trouver Madelon un beau matin.
Et fou d'amour, lui dit qu'elle était jolie
Et qu'il venait pour lui demander sa main.
La Madelon, pas bête, en somme,
Lui répondit en souriant :
— Et pourquoi pendrais-je un seul homme
Quand j'aime tout un régiment.
Tes amis vont venir. Tu n'auras pas ma main,
J'en ai bien trop besoin pour leur verser du vin.

La casquette du père Bugeaud

Pendant la conquête d'Algérie (1830-1857), les soldats de l'armée d'Afrique étaient coiffés d'un shako, sorte de képi – que portent encore aujourd'hui les Saint-Cyriens – muni d'une visière de cuir. Le général Bugeaud qui les commandait avait fait ajouter à son shako une deuxième visière en

As-tu vu la casquette, la casquette,
As-tu vu la casquette
  du père Bugeaud ?

Oui j'ai vu la casquette, la casquette,
Oui j'ai vu la casquette
  du père Bugeaud.

Elle est faite la casquette, la casquette,
Elle est faite de poils de chameaux.

guise de couvre-nuque pour se protéger des ardeurs du soleil. Mais la singularité de ce couvre-chef ne suffit pas à expliquer la chanson. Dans le camp militaire, lors d'une soudaine attaque nocturne, le général sortit de sa tente en bonnet de nuit et donna ses ordres dans cette tenue. Le détail n'échappa à personne et un soldat, le lendemain matin composa la chanson sur l'air de la relève de la garde. Dès ce jour, le père Bugeaud, comme l'appelaient familièrement ses hommes, ne fit plus « sonner la relève », mais « jouer la casquette ».

Le chant du départ

La vic-toire en chan-tant nous ouvre la bar-rière, La li-ber-té gui— de nos pas. Et du Nord au Mi-di, la trom-pet——te guer-rière A son-né l'heu-re des— com—bats. Trem-blez— en-ne-mis de la Fran-ce! Rois i-vres de sang et d'or-gueil! Le peu-ple sou-ve-rain— s'a— vance: Ty-rans, des-cen-dez au cer-cueil!

Refrain

La Ré-pu-bli-que nous ap-pel-le, Sa-chons vaincre et sa-chons pé-rir; Un Fran-çais doit vi—vre pour el— le Pour

elle un Français doit mou-rir! Un Français doit vi—vre pour el-le Pour elle un Français doit mou-rir!

Un député du peuple
La victoire en chantant nous ouvre la barrière,
La liberté guide nos pas.
Et du Nord au Midi, la trompette guerrière
A sonné l'heure des combats.
Tremblez ennemis de la France !
Rois ivres de sang et d'orgueil !
Le peuple souverain s'avance :
Tyrans, descendez au cercueil !

Refrain
La République nous appelle,
Sachons vaincre et sachons périr ;
Un Français doit vivre pour elle *(Bis)*
Pour elle un Français doit mourir !

Une mère de famille
De nos yeux maternels ne craignez pas les larmes,
Loin de nous de lâches douleurs !
Nous devons triompher quand vous prenez les armes
C'est aux rois à verser des pleurs !

L'écrivain Marie-Joseph Chénier (1764-1811), inquiété par le comité de Salut Public qui venait d'interdire une de ses tragédies, se réfugia chez son ami Sarrette, fondateur de ce qui deviendra le Conservatoire de musique. Or, Robespierre avait commandé à Sarrette un hymne révolutionnaire pour célébrer le cinquième anniversaire de la prise de la Bastille. Ce fut Chénier qui

l'écrivit et qui demanda au compositeur Méhul de la mettre en musique. L'hymne plut à Robespierre qui déclara : « Voilà de la poésie française et républicaine qui efface tout ce qu'a fait ce girondin de Chénier ! ». Il baptisa Chant du départ *cette marche qui appelait le peuple à défendre la patrie contre la coalition étrangère et les ennemis de la Révolution. Le chant fut interprété pour la première fois le 14 juillet 1794. Robespierre mourait le 28 juillet sur l'échafaud.*

Nous vous avons donné la vie,
Guerriers, elle n'est plus à vous ;
Tous vos jours sont à la patrie ;
Elle est votre mère avant nous.

Deux vieillards
Que le fer paternel arme la main
   des braves !
Songez à nous, au Champ de Mars ;
Consacrez dans le sang des rois
   et des esclaves
Le fer béni par vos vieillards ;
Et, rapportant sous la chaumière
Des blessures et des vertus,
Venez fermer notre paupière
Quand les tyrans ne seront plus !

Un enfant
De Barra, de Viala, le sort nous
   fait envie ;
Ils sont morts mais ils ont vaincu,
Le lâche accablé d'ans n'a pas connu
   la vie !
Qui meurt pour le peuple a vécu.
Vous êtes vaillants, nous le sommes,
Guidez-nous contre les tyrans :
Les républicains sont des hommes,
Les esclaves sont des enfants !

Une épouse
Partez, vaillants époux, les combats
   sont vos fêtes ;
Partez, modèles des guerriers ;
Nous cueillerons des fleurs pour
   en ceindre vos têtes ;

Nos mains tresseront vos lauriers !
Et si le temple de mémoire
S'ouvrait à vos mânes vainqueurs,
Nos voix chanteront votre gloire,
Nos flancs porteront vos vengeurs.

Une jeune fille
Et nous, sœurs des héros, nous
  qui de l'hyménée
Ignorons les aimables nœuds,
Si, pour s'unir un jour à notre
  destinée,
Les citoyens forment un vœu ;
Qu'ils reviennent dans nos
  murailles,
Beaux de gloire et de liberté,
Et que leur sang dans les batailles
Ait coulé pour l'égalité.

Trois guerriers
Sur le fer devant Dieu, nous jurons
  à nos pères,
A nos épouses, à nos sœurs,
A nos représentants, à nos fils,
  à nos mères,
D'anéantir les oppresseurs :
En tous lieux dans la nuit profonde,
Plongeant l'infâme royauté,
Les Français donneront au monde
Et la paix et la liberté !

Chœur général
La République nous appelle,
Sachons vaincre ou sachons périr ;
Un Français doit vivre pour elle *(Bis)*
Pour elle un Français doit
  mourir !

Index

Adieu, cher camarade	78
Ah ! mon beau château	14
A Lauterbach	124
L'amour de moy	108
Les anges dans nos campagnes	98
Arlequin dans sa boutique	52
Ballade à la lune	58
Le beau bébé (© Editions Fœtish, Lausanne)	18
Bon voyage, Monsieur Dumollet	110
La boulangère a des écus	118
Le carillon de Vendôme	109
La casquette du père Bugeaud	154
Catherine était chrétienne	48
C'est la fille de la meunière	41
C'était sur la tourelle	34
La chanson des blés d'or	126
Chanson pour faire danser en rond les petits enfants	56
Le chant des Girondins	146
Le chant du départ	156
Chante et danse la Bohème	87
Chantons pour passer le temps	76
Le Chat Noir	128
Dans la forêt lointaine	28
Entre le bœuf et l'âne gris	89
File la laine	106
Le galérien (© Editions Musicales Nuances, 1947)	131

Index

Giroflé, Girofla	134
Gouttelettes	80
Gugusse	54
Il court, le furet	25
Il est né le divin enfant	96
Ils étaient trois garçons	86
J'ai perdu le do	62
J'ai vu le loup, le renard, le lièvre	32
J'avions reçu commandement	136
Jean de la lune	12
Jeanneton prend sa faucille	46
Je me suis t'engagé	138
Je sais au bord du Rhin	40
La légende du feu	82
La Madelon	151
La marche des Rois Mages	90
Margoton va-t-à l'iau	38
La Marie-Joseph (© Nouvelles Editions Méridian)	73
Mettait sa chaloupe à l'eau	71
Minuit, Chrétiens	100
Mon âne	22
Mon père avait cinq cents moutons	44
Monsieur de La Palisse	112
Le mouchoir rouge de Cholet	144
N'entends-tu pas ?	102
Noël nouvelet	92
L'oiselet (© Editions Fœtish, Lausanne)	30
L'orphéoniste	64
Passe, passera	24
La pêche des moules	66
Perrine était servante	42
Le petit Grégoire	141

Index

Le petit matelot	68
La pibole	26
Pique la baleine	69
Plaisir d'amour	104
Prière des complies	88
Le rat de ville et le rat des champs	60
Le régiment de Sambre et Meuse	148
Le roi d'Yvetot	120
La ronde des petits nains	50
(© Editions Fœtish, Lausanne)	
La tour, prends garde !	16
Tout va très bien Madame la Marquise	114
(© Chappell/Intersong Music Group France SA)	
Trois anges sont venus ce soir	98
Une souris verte	20
Vive Henri IV !	122
Y'a une pie	29
Y'avait dix filles	36
Youkaïdi	84

Nous remercions Messieurs les Auteurs et Éditeurs qui nous ont autorisés à reproduire textes ou fragments de texte dont ils gardent l'entier copyright (texte original ou traduction). Nous avons par ailleurs, en vain, recherché les héritiers ou éditeurs de certains auteurs. Leurs œuvres ne sont pas tombées dans le domaine public. Un compte leur est ouvert à nos éditions.

Biographie

Roland Sabatier est né en 1942, de père Auvergnat et de mère Franc-Comtoise. Il a étudié l'architecture à l'Ecole des Beaux-Arts de Paris et publié ses premiers dessins en 1969. Roland a déjà réalisé *Le premier livre des chansons* et *Le deuxième livre des chansons de France et d'ailleurs,* avec sa femme Claudine qui en réalise les couleurs. Elle a été professeur de dessin et ensemble ils ont illustré de nombreux ouvrages scolaires. Parallèlement, tous deux ont une même passion, celle des champignons.

Index des tomes précédents

Tome I
(Le livre des chansons de France)

Ah ! tu sortiras, biquette
Ainsi, font, font, font
A la claire fontaine
Alouette
Au clair de la lune
Auprès de ma blonde
Aux marches du palais
Le bon roi Dagobert
La Bourgogne
Cadet Rousselle
Le carillonneur
C'est la mèr' Michel
Chant des adieux
Chantons la vigne
Chevaliers de la Table ronde
Colchiques
Les compagnons de la Marjolaine
Compère Guilleri
La complainte de Mandrin
Les crapauds
La Danaé
Dans les bois de Toulouse
Dans les prisons de Nantes
Derrièr' chez nous
Dors, min p'tit quinquin
Doudou à moué
En passant par la Lorraine
Fanchon
Fleur d'épine
Frère Jacques
Les gars de Locminé
Gentil coqu'licot
Il était un petit navire
Il était une bergère
Il pleut, il pleut, bergère
J'ai du bon tabac
J'ai lié ma botte
Jean-François de Nantes
Je suis t'un pauvre conscrit
La légende de Saint-Nicolas
Les maçons de la Creuse
Malbrough s'en va-t-en guerre
Ma Normandie
La Marseillaise
Meunier, tu dors
Les montagnards
Ne pleure pas, Jeannette
Nous irons à Valparaiso
Nous n'irons plus au bois
Passant par Paris
Pauvre soldat
Le pont d'Avignon
Le pont de Morlaix
Prom'nons-nous dans les bois
Le roi Arthur
Le roi Renaud
La rose au boué
Savez-vous planter les choux
Se canto que canto
Le Sire de Framboisy
Sont les fill's de la Rochelle
Sur la route de Louviers
Sur le pont du Nord
Le trente-et-un du mois d'août
Trois jeunes tambours
Vent frais
Le vieux chalet
V'là l'bon vent
La Yoyette

Tome II
(Le livre des chansons de France et d'ailleurs)

FRANCE
A la volette
Ah ! dis-moi donc bergère
Ah ! vous dirai-je maman
Allongeons la jambe
Allons en vendanges

Les bœufs
La bonne aventure ô gué
La bourrée en Auvergne
Les canuts
La carmagnole
C'est l'aviron
C'est la cloche du vieux manoir
Le chant des partisans
Chère Elise
Ah, les crocodiles
Dame Tartine
Derrière chez moi
D'où venez-vous Perrine ?
Il était un petit homme pirouette
Le Jean du Schnokeloch
L'Internationale
Lundi matin
Magali
Les marins de Groix
Mon ami me délaisse
Mon père m'a donné un mari
Le mouton
La Paimpolaise
Le pastouriau
Le petit cordonnier
Le roi a fait battre tambour
Le temps des cerises
Tout en passant par un petit bois
Un jour la troupe campa
Voici le mois de mai

ALLEMAGNE
Frühlingslied, *Chant de printemps*
Heidenröslein, *Rose sauvage*
Der Lindenbaum, *Le tilleul*
Die Lorelei, *La Lorelei*
O Tannenbaum, *Mon beau sapin*
Stille Nacht, *Douce nuit, sainte nuit*

GRANDE-BRETAGNE
ET AMERIQUE DU NORD
Bobby Shaftoe
Bring back, *Ramenez-moi mon bien-aimé*
The foggy, foggy dew, *Brume et rosée*
Go down Moses, *Va Moïse, va*
Go tell it on the mountain, *Criez sur la montagne*
Greensleeves, *Manches vertes*
Jingle bells, *Grelots, grelots*
John Brown's body
Molly Malone ou Cockles and Mussels

Oh my darling Clementine, *Oh ma chère Clémentine*
Old MacDonald had a farm, *Vieux MacDonald avait une ferme*
She'll be coming round the mountain, *Elle descend de la montagne à cheval*
The yellow rose of Texas, *La rose jaune du Texas*
There is a tavern in the town, *Une taverne en ville*
Tom Dooley
Yankee Doodle, *Quand nous sommes arrivés*

AMERIQUE DU SUD
La Bamba
Cucurrucucu Paloma
Duerme, duerme negrito
La Cucaracha
Guantanamera

ESPAGNE
Ahora que vamos despacio, *Puisque nous marchons lentement*
De los cuatro muleros, *Des quatre muletiers*
Eres alta y delgada, *Tu es grande et mince*
Estando el señor don Gato, *Monsieur le Chat est assis*

ISRAEL
Hava naguila, hava, *La fête*
Hevenou shalom aleichem, *Nous vous avons apporté la paix*

ITALIE
Bella ciao, *Au revoir ma belle*
La biondina in gondoleta, *La blondinette en gondole*
Funiculi Funicula
'O sole mio, *Mon soleil*
Santa Lucia, *Sainte Lucie*

U.R.S.S.
Eï oukhnem, *Les bateliers de la Volga*
Kalinka
Mitielitsa, *Tourbillon de neige*
Otchi tchiornyié, *Les yeux noirs*
Poliouchka Polé, *Plaine ô ma plaine*